W0364542

LE PETIT LIVRE DE L'EFT

Maria Annell
Carine Barco
Anne-Marie Bompart
Noëlle Cassan
Caroline de Meeûs
Catherine di Cristofano
Yvette Urguette
Sous la direction de Jean-Michel Gurret

FIRST Editions

ISBN : 978-2-7540-7461-2
Dépôt légal : janvier 2016
Imprimé en Italie

Avec la participation de Lisa Marie, Marie-Laure Bayle, Olivier Frenot et Graph'im 64.

Éditions First, un département d'Édi8
12, avenue d'Italie
75013 Paris – France

Tél. : 01 44 16 09 00
Fax : 01 44 16 09 01
E-mail : firstinfo@efirst.com
site internet : www.editionsfirst.fr

Sommaire

Introduction 5
Qu'est ce que l'EFT et à quoi ça sert ? 5
Comment utiliser cet ouvrage 6
À propos des auteurs 6
Mise en garde 7
Chapitre 1 - Quand le corps dialogue avec l'esprit et vice versa 8
Notions de base sur le lien entre corps et esprit 9
Les émotions : qu'est ce que c'est et à quoi ça sert ? 14
Pourquoi contrôler et gérer ses émotions ? 21
Chapitre 2 - La méthode EFT pas à pas 24
La méthode de base EFT 25
Que faire quand l'EFT ne marche pas ? 40
Gérer les émotions intenses avec l'EFT 46
Chapitre 3 - Gérer son stress et se relaxer 51
Le stress en bref 52
L'impact mental, les conséquences physiologiques 53
Comment améliorer votre respiration de façon efficace avec l'EFT afin de gérer votre stress rapidement 54
L'utilisation de l'EFT sur la gestion du stress 59
Protocole anti stress 62
Le processus de paix personnelle 64
Chapitre 4 - L'EFT dans son couple 67
Vous voulez que votre couple réussisse ? 68
Réparez vos anciennes blessures relationnelles 77

Apprenez à communiquer de manière vraie et constructive 84
Soutenez votre partenaire énergétiquement et physiquement 89
Chapitre 5 - L'EFT avec ses enfants 91
Quels problèmes d'enfant traiter avec l'EFT ? 92
Comment se servir de l'EFT avec les enfants ? 94
Le coucher, moment privilégié où votre enfant peut bénéficier de l'EFT 104
Processus avec les enfants de 0 à 3 ans 106
De l'enfance à l'adolescence 109
Procédure EFT avec un adolescent 111
Chapitre 6 - L'EFT pour soigner les douleurs physiques ... 116
La chasse à la douleur 116
Comment appliquer l'EFT sur l'annonce d'un diagnostic 118
L'EFT dans l'attente d'un diagnostic 123
Les allergies 125
Les émotions derrières la souffrance 127
Chapitre 7 - Utiliser l'EFT pour atteindre ses objectifs... et les dépasser 129
Pourquoi se fixer des objectifs avec l'EFT ? 129
La démarche coaching ou le chemin vers vos objectifs 131
L'auto-coaching pour vos objectifs au quotidien 133
Pertinence et performance de l'EFT pour atteindre son objectif et le dépasser 136
Les limites de l'EFT dans la démarche coaching ou auto-coaching 141
Chapitre 8 - Transformer les croyances qui nous limitent 143
Qu'est-ce qu'une croyance ? 143
L'importance de nos croyances 144
Croyances limitantes et croyances constructives 147
Transformer les croyances limitantes 149
Exercice pratique : 6 étapes pour transformer vos croyances limitantes 151
En route pour le reste de votre vie 159

Introduction

Qu'est ce que l'EFT et à quoi ça sert ?

L'EFT, *Emotional Freedom Techniques*, en français « Techniques de Libération Émotionnelle » est une méthode de relaxation qui permet de mieux gérer le stress quotidien et de se libérer de pensées toxiques ou de souvenirs difficiles. L'EFT est une technique dite « psychocorporelle », car elle mobilise à la fois les pensées (« psycho ») et le corps (« corporelle ») par des pressions répétées sur des endroits précis du visage, du torse et des mains.

L'EFT est à la base un outil d'auto-traitement, de *self-help* comme disent les Anglo-Saxons, destiné à être utilisé par vous-même sur vous-même. Ce petit guide se centre uniquement sur cet aspect et vous permettra de pratiquer cette technique en toute sécurité et avec efficacité, sur vous-même et avec vos enfants, pour surmonter des problèmes de la vie courante mais pas des troubles mentaux pour lesquels il est nécessaire de faire appel à un spécialiste qualifié.

Comment utiliser cet ouvrage

Ce livre est un travail collaboratif entre huit thérapeutes qui présente huit perspectives complémentaires sur l'EFT. Il est organisé en autant de chapitres qui vous permettront d'avoir des informations générales sur le mode de fonctionnement de l'EFT, la bonne manière de l'utiliser sur vous, dans votre couple ou avec vos enfants. Vous y trouverez également des exercices qui vous permettront de mettre l'EFT en application immédiatement.

À propos des auteurs

Les huit auteurs de cet ouvrage sont tous des praticiens EFT professionnels qui consultent régulièrement en utilisant cette technique. Ils ont des formations et des parcours différents :

psychologues, psychothérapeutes, thérapeutes ou coach, et sont spécialisés dans des domaines spécifiques : adultes, enfants, thérapie de couple, problèmes émotionnels, traumatismes simples ou complexes, accompagnement de vie, etc. Ils sont tous supervisés dans leur pratique et sont membres fondateurs du réseau EFT-PRO : www.eft-pro.com. Ce label témoigne de leur compétence en tant que praticiens.

Mise en garde

L'EFT ne peut et ne doit pas se substituer à un traitement médical. En cas de fragilité psychologique extrême, de difficulté ou de doute, aussi petit soit-il, nous vous conseillons vivement de vous faire accompagner par un professionnel reconnu. Dans tous les cas, vous ne devez pas interrompre un traitement médical, même si vous vous sentez mieux, sans l'avis d'un professionnel de la santé, et notamment le médecin qui vous a prescrit le traitement.

Chapitre 1 - Quand le corps dialogue avec l'esprit et vice versa

Catherine di Cristofano,
thérapeute, sophrologue, praticienne EFT

De nombreux ouvrages ou articles portant sur la thématique du lien entre le corps et l'esprit ont été publiés. Au XVIIe siècle, René Descartes s'y intéressait déjà, mais à l'époque du dualisme cartésien, ce grand mathématicien et philosophe considérait que l'esprit et le corps étaient des entités complètement séparées sans influence l'une sur l'autre.

Ces 50 dernières années, les scientifiques ont démontré que le corps et l'esprit sont indissociables jusqu'au plus profond des cellules. Cette nouvelle discipline scientifique porte le nom de **psycho-neuro-immunologie**. Il s'agit d'une approche interdisciplinaire. Elle prouve qu'il existe un lien entre le système nerveux, le système neuroendocrinien et le système immunitaire. C'est un grand pas pour l'Homme et un grand pas pour la santé !

En qualité de thérapeute, j'accompagne de nombreux patients qui, au cours des premières séances, paraissent « désincarnés », « à côté de leurs pompes ».

Je vous propose de découvrir comment l'EFT permet de reprendre possession de son corps et de l'habiter en toute conscience.

Notions de base sur le lien entre corps et esprit

La communication entre corps et esprit

Est-il nécessaire de rappeler que toute vie psychique repose sur celle du corps ? Sans ce corps, il n'y a pas de vie. Le corps est inconstant, je dirais même « impermanent ». Il est en perpétuelle transformation. Pour comprendre le principe selon lequel l'esprit influe sur le fonctionnement du corps et vice versa, je vous propose de revoir ensemble nos cours de biologie sur le système nerveux.

Ce circuit est divisé en deux parties : **le système nerveux central** (cerveau et moelle épinière) et le **système nerveux périphérique** (nerfs crâniens, nerfs rachidiens et système nerveux autonome).

Le cerveau est constitué de plusieurs parties :

- les parties primitives, comme le limbique et l'amygdale, impliqués dans la naissance des émotions ;
- les parties plus complexes, comme le cortex cérébral, responsable de la conscience, de la réflexion, de la pensée.

La moelle épinière fait passer des messages dans les deux sens entre le cerveau et le système nerveux.

Le cerveau et la moelle épinière contrôlent toutes les fonctions corporelles.

Le système nerveux autonome, présent dans tout le corps, contrôle toutes les fonctions automatiques de celui-ci (battements du cœur, respiration, etc.).

Il est divisé en deux parties antagonistes :

- Le système nerveux (ortho) sympathique : responsable de nos réactions, nos réflexes. Face au danger, il s'active fortement et est en partie responsable des effets du stress et de la peur.

- Le système nerveux parasympathique : apporte les sensations de calme et de tranquillité. Il est considéré comme le frein de notre système nerveux.

Pour qu'il y ait un équilibre (une **homéostasie**) interne, il est important que les systèmes nerveux sympathique et parasympathique collaborent de façon harmonieuse.

Les nerfs, enfin, transportent des messages dans tout le corps vers et en provenance du cerveau et de la moelle épinière. Ils relient nos organes, nos muscles et notre peau au cerveau, soit directement grâce aux nerfs crâniens, soit via les nerfs rachidiens grâce à la moelle épinière.

C'est grâce à tout ce fonctionnement et au système nerveux que l'information circule entre le corps et l'esprit.

Quand ça ne communique plus : « le mal a dit »

Le corps **sait**, le corps **parle**. Quand l'individu ne parle plus, le corps **parle** encore. Pour que la communication fonctionne et perdure, il est important qu'il y ait une **écoute du corps** qui s'exprime par des sensations agréables ou désagréables. Pour entendre ces messages, il faut être **présent à soi**. Sans cela, très souvent, nous prenons un de nos organes comme métaphore, pour nous parler à nous-mêmes et nous dire les choses de façon imagée. À notre insu, nous choisissons l'organe où se porte la maladie. Ce choix n'est pas aléatoire, il correspond à notre perception inconsciente de cet organe ou de sa fonction : « J'en ai plein le dos », « Ça me prend la tête », « Ça me pompe l'air », « Je suis à fleur de peau », « La moutarde me monte au nez », « Je ne peux plus le sentir »… toutes expressions somatiques que nous vivons au quotidien sans y prêter plus d'attention. La métaphore est le moyen le plus direct pour exprimer quelque chose que nous avons du mal à définir.

Nous naissons, pour la plupart, avec un corps sain et jouir d'une bonne santé semble aller de soi. Toutefois, lorsque cette bonne santé est altérée, le symptôme ou la maladie prend place. C'est ainsi que nous allons, non pas lutter « pour » mais lutter « contre » la maladie pour guérir.

Lorsque le corps nous parle par un malaise ou une maladie, c'est pour nous aider à devenir conscients d'un dysfonctionnement. La maladie, c'est comme la petite lumière rouge qui s'allume sur le tableau de bord de notre voiture.

Le symptôme psychosomatique porte atteinte à certains organes, tissus ou cellules du corps. L'organisme de l'individu est réellement altéré, il s'agit d'un trouble lésionnel, cette lésion venant ensuite entraver durablement l'organisme et son bon fonctionnement.

Le premier signal va être celui d'un ressenti de tensions, de désagréments (tensions dorsales, difficultés digestives, cauchemars, insomnie, malaises ou mal-être psychologique). Notre inconscient utilise un ressenti physiologique ou psychologique pour exprimer ce qui se passe à l'intérieur, il nous avertit que nous prenons une mauvaise direction et qu'il serait important de faire le point. Si nous sommes à l'écoute des signes de notre corps, prêts à entendre et à accepter le message, nous mettrons en place des changements comportementaux nécessaires et les tensions disparaissent. À l'inverse, si nous sommes sourds, déconnectés de notre corps, alors pour pouvoir se faire entendre, notre inconscient devra avoir recours à d'autres formes de messages plus intenses, plus forts et plus percutants (accidents, maladies).

Les émotions : qu'est ce que c'est et à quoi ça sert ?

Un homme en bonne santé, bien centré sur lui-même, **vit ses émotions** et les laisse circuler en lui. Si nous nous sentons bien, l'énergie circule. Le fait de négliger sa vie émotionnelle peut provoquer des problèmes qui influent sur la qualité de vie. Fortes tensions, anxiété, maladies psychosomatiques, dépression, burn out et phobies sont vécus de nos jours par un grand nombre de personnes. Lorsque les émotions sont bloquées, les tensions surviennent, les symptômes et la maladie s'installent. Bon nombre d'entre nous ne savent pas comment composer avec leurs émotions pour qu'elles deviennent un atout dans leur vie.

Qu'est-ce qu'une émotion ?

L'émotion renvoie à des réactions intérieures vives et complexes, caractérisées par leur intensité, nous indiquant combien nous sommes touchés, atteints par les événements. Elles engagent à la fois le corps (augmentation du rythme cardiaque, de la pression sanguine) et l'esprit (un état mental subjectif, une impulsion à agir, fuir ou attaquer par exemple).

L'émotion surgit et parfois même envahit, elle reste toutefois ponctuelle. Elle est déclenchée par une perception personnelle du sens de ce qui se produit dans la situation. L'intensité de l'émotion est donc révélatrice de l'importance de ce que nous vivons.

Toutefois, dans notre culture, nous sommes amenés à cacher nos émotions. Exprimer ses émotions est parfois mal vu. À l'inverse, savoir contrôler ses émotions est valorisé. Car ce qui nous effraie le plus, c'est la perte de contrôle face à l'intensité de l'expression de nos émotions, qui parfois nous semble totalement disproportionnée par rapport à l'événement. Ce n'est pas l'émotion en soi qui pose problème mais son intensité.

En fait, nous ne réagissons pas seulement à ce qui se passe à l'instant T. Lors d'une situation potentiellement dangereuse, une zone cérébrale s'active (les amygdales), des liens se font dans notre mémoire avec tous les souvenirs similaires. La réponse que nous apportons (face à l'événement) est chargée de toutes les émotions liées à ces expériences passées analogues. D'où l'importance de bien clarifier et de nettoyer chacune de nos expériences afin de les différencier les unes des autres, ce qui permettra une réponse plus juste aux événements.

Les émotions, à quoi ça sert ?

La vie aurait-elle un sens sans émotion ? Imaginons que tous les gens avec lesquels nous sommes en rapport nous soient indifférents. Imaginons que les livres, les œuvres d'art, les films, la musique ne déclenchent aucune émotion en nous. Ce sont les émotions qui font que nos relations avec les autres et avec le monde extérieur sont riches.

L'étude de l'évolution humaine permet de penser que nos émotions sont le résultat de nos comportements. Nos émotions sont la partie la plus importante de notre système de guidage, elles nous aident à nous adapter à chaque situation de notre vie. En effet, nos émotions nous informent continuellement sur la situation dans laquelle nous sommes et sur notre état intérieur. À chaque moment, nos réactions émotives nous indiquent dans quelle mesure nos besoins sont satisfaits ou insatisfaits. Elles nous montrent jusqu'à quel point la situation ou les événements nous conviennent vraiment.

De même, dans nos prises de décisions, nos émotions sont souvent des facteurs déterminants. La logique seule ne permet pas de faire face à l'incertitude et à la complexité de nos exigences.

Nos émotions et notre corps

« *Tout ce qui ne s'exprime pas, s'imprime*[1] » !

En remplaçant les mots par des maux, nous perdons le sens de ce que nous cherchons à nous

1 Jacques Salomé, « *sachant que tout ce qui ne s'exprime pas s'imprime, il est souhaitable de favoriser l'expression au-delà de l'émotion, ou du retentissement. Cette pratique permettra d'éviter quelques somatisations, du stress et de l'angoisse* ». Le 28 février 2012

dire. C'est ainsi que le corps devient la scène où vont se jouer tous les maux : nous nous parlons en usant de notre corps. Et ce que nous tentons ainsi de nous dire devient incompréhensible.

Notre corps est le siège de nos émotions, de notre sensorialité, de notre intuition, de notre créativité. Une émotion prend sa source dans notre corps et elle entraîne une manifestation intense de celui-ci face à un événement : accélération de notre rythme cardiaque, respiration bloquée ou saccadée, tremblements, contractions, palpitations, sueur, étouffement, estomac noué, boule au ventre, gorge serrée… elle nous renseigne sur notre fonctionnement.

Quand on a peur, par exemple, on peut observer toute une série de réactions physiques : accélération des battements du cœur, augmentation de l'acuité mentale et visuelle, mobilisation des graisses pour fournir plus d'énergie, réflexes plus vifs, muscles plus forts, atténuation de la douleur. L'organisme perçoit un danger, les glandes surrénales augmentent leur production d'adrénaline et l'organisme se mobilise. Nous avons alors tout ce qu'il faut pour réagir au danger en combattant ou en fuyant efficacement. Toutes ces informations sont envoyées ensuite au système nerveux (rappelez-vous que le système nerveux contrôle tout notre corps). C'est lorsque le péril est écarté qu'est ressentie l'intensité des effets physiologiques de la peur. Et vous l'avez très souvent remarqué, c'est aussi à ce moment là, lorsque l'attention se relâche, que surviennent les tremblements.

Un autre exemple : quand on se fait du mauvais sang. Nous savons aujourd'hui que l'angoisse, l'anxiété ou tout autre émotion négative amène une libération d'adrénaline et de noradrénaline dans les vaisseaux sanguins, ce qui a pour effet d'augmenter la coagulation du sang. À forte dose, cette coagulation peut entraîner une obturation d'un vaisseau par un caillot.

Notre corps est très résistant et peut supporter une bonne dose d'épreuves avant d'être défaillant. Pour continuer à faire face à tout ce qu'il endure, il est important que nous lui donnions le temps de se reposer et de récupérer. Mais, parfois, l'état de déséquilibre persiste et notre corps ne bénéficie pas de moment de répit, il ne peut plus contenir la charge émotionnelle imposée par la retenue ou le refoulement ; ce qui finit par donner naissance à une spirale négative conduisant vers une altération de la santé.

Nos émotions et nos pensées

Généralement, les émotions surviennent à l'occasion d'un contact avec le monde extérieur, mais elles peuvent aussi être suscitées par ce qui se passe en nous.

Nos émotions influent considérablement sur les fonctions cognitives supérieures comme :

- l'attention : des stimuli émotionnels peuvent attirer automatiquement notre attention, alors que nous sommes pris dans une conversation, (par exemple, le fait d'entendre notre nom, capte immédiatement notre attention) ;
- la perception : notre perception sera modulée en fonction du stimulus émotionnel ;
- la mémoire : les émotions ont une grande influence sur nos souvenirs, souvenez-vous de la madeleine de Proust ;
- la prise de décision : contrairement à ce que l'on croit, les émotions peuvent servir à prendre de « bonnes » décisions.

Pourquoi contrôler et gérer ses émotions ?

Nous devons gérer de multiples événements à portée émotionnelle. En réponse à ceux-ci, nous ressentons et exprimons nos émotions. Il arrive que, dans certaines situations, nous nous limitions dans l'expression de nos émotions, nous nous rigidifions et restreignions par là nos capacités d'adaptation. Pour conserver une bonne santé physique et émotionnelle, il importe de gérer ses émotions efficacement et en adéquation avec la réalité de la situation.

L'intelligence émotionnelle

On parle de plus en plus d'intelligence émotionnelle **(QE : quotient émotionnel)**. L'intelligence cérébrale pure n'existe pas, l'intellect est toujours plus ou moins en contact avec l'émotion. Nous savons aujourd'hui que l'intelligence émotionnelle est tout aussi importante que le QI classique dans le sens où elle permet de penser de façon plus créative et d'utiliser ses émotions pour résoudre des problèmes. Un individu doté d'intelligence émotionnelle présente des habilités dans ces quatre domaines : identification des émotions, utilisation des émotions, compréhensions des émotions, ajustement des émotions.

La psychologie énergétique

Les émotions qui ne sont pas exprimées vont se transformer en énergie qui reste bloquée dans le corps et devient alors toxique : « Je n'arrive plus à avancer », « Je manque d'énergie ». Pour mieux comprendre la maladie, il est essentiel de regarder comment circule l'énergie vitale. L'énergie qui anime le corps doit circuler librement afin d'alimenter chaque organe, chaque cellule. Cependant, sous l'effet des émotions, elle est souvent bloquée au niveau des plexus nerveux, des glandes endocrines, des organes. C'est une des causes de nos pathologies fonctionnelles. Lorsqu'une émotion bloque l'énergie vitale à un niveau quelconque, elle bloque le travail des organes situés sur le lieu du blocage et c'est pour cette raison qu'on assiste à une modification du terrain et au développement des maladies.

La psychologie énergétique, discipline novatrice basée sur ces constatations, vise à restaurer la circulation harmonieuse de l'énergie en stimulant par le geste ou l'intention, les centres et les canaux énergétiques.

L'expression de nos émotions est nécessaire à notre équilibre. Lorsque nous vivons un changement émotionnel, que nous passons de la frustration à la joie, environ 1400 transformations biochimiques se produisent dans notre corps. Il est donc pertinent, de la même façon qu'on porte attention à son régime alimentaire, de veiller à son régime émotionnel.

Chapitre 2 - La méthode EFT pas à pas

Jean-Michel Gurret,
psychothérapeute, praticien EFT

Il existe des moyens de mieux gérer les émotions négatives, tel l'EFT qui fait partie du champ des techniques psycho-énergétiques. Lorsque vous pratiquez l'EFT sur vous, vous parlez de votre problème à voix haute tout en stimulant avec le bout de votre index et votre majeur des points d'acupuncture situé sur votre visage, votre torse et vos mains. Les séances sont très courtes : quelques minutes suffisent généralement pour faire diminuer votre émotion. La stimulation de ces points calme votre système nerveux autonome et provoque une réponse de calme.

Voici comment pratiquer efficacement l'EFT sur vous-même en toute sécurité. La première chose à faire consiste à déterminer ce sur quoi vous voulez travailler. Ce peut être par exemple une angoisse par rapport à un événement qui va se produire, comme un examen, ou encore un sentiment de tristesse par rapport à un souvenir. Une fois votre problème identifié, vous pouvez suivre les phases décrites ci-après.

La méthode de base EFT

Phase 1: le ciblage et l'évaluation du niveau d'anxiété subjective

Lorsque l'on pratique l'EFT, il faut être spécifique, c'est-à-dire travailler sur des événements précis (par exemple un souvenir) et traiter l'ensemble des composantes de ce souvenir.

Supposons que vous vous sentiez en colère, et que cette colère qui perdure vous gêne, car vos réactions vis-à-vis de votre entourage ne sont pas appropriées.

Tout d'abord, demandez-vous ce qui vous met en colère dans l'instant, ou bien ce qui est à l'origine de cette colère.

Supposons que ce soit une dispute avec l'un de vos amis, appelons-le Jean, à propos d'un reproche qu'il vous a fait récemment. Lorsque vous pensez à ce souvenir, que se passe-t-il en vous ? Vous revoyez probablement la scène, depuis le moment où vous vous êtes dit bonjour, jusqu'à ce que vous vous quittiez fâchés.

Concentrez-vous sur le pire moment de cette scène, celui qui, en ce moment-même vous énerve encore au plus haut point : vous allez par exemple avoir en tête l'image de l'instant où il vous fait une remarque désagréable avec un sourire sarcastique. Vous vous voyez vous-même dans cette image en train de baisser la tête et de rougir.

Lorsque vous avez une image fixe en tête, qui correspond au moment unique que vous avez vécu, vous tenez votre cible de travail. Concentrez-vous sur cette image et prenez le temps de répondre aux questions suivantes (vous pouvez les écrire sur une feuille éventuellement). Quand vous voyez cette image et que vous repensez à ce moment précis, demandez-vous :

- Quelle est l'émotion qui est présente en vous en ce moment-même ? Attention : il ne s'agit pas de l'émotion que vous avez ressentie au moment où la scène s'est passée, mais bien l'émotion que vous ressentez en ce moment-même !

Supposons dans notre exemple que ce soit de la colère contre vous-même.

- Où cette émotion se situe t-elle dans votre corps ? Qu'est-ce que vous ressentez à cet instant et où ? *Je ressens cette colère dans mes mâchoires qui se contractent.*
- À combien, sur une échelle de 0 à 10, si 0 = une absence totale de ressenti émotionnel et physique et 10 = le maximum d'intensité que vous puissiez imaginer, vous situez-vous ? Les Anglo-Saxons appellent cette échelle le SUD (*Subjective Unit of Distress*), et les Canadiens la traduisent par NAS (Niveau d'Anxiété Subjective), que nous utiliserons dans cet ouvrage. *Je ressens cette colère dans mes mâchoires à 7/10 en ce moment.*
- Vous pouvez aussi vous demander quelle est la croyance négative que vous avez par rapport à vous-même lorsque vous avez cette image en tête. Ce pourrait être dans notre exemple : *Je suis lâche, je n'ai pas le courage de lui répondre.*

Vous venez de terminer la première phase qui est aussi la plus importante, car elle vous permet d'être spécifique et de mettre en évidence les différentes composantes du souvenir que vous allez retraiter.

Phase 2 : la phrase de préparation et la stimulation du point karaté

Vous disposez de tous les éléments pour créer ce qu'on appelle la phrase de préparation, ou de démarrage de la séquence d'EFT. Cette phrase permet de se centrer sur son problème, tout en s'acceptant soi-même, même en étant porteur de ce problème.

Vous allez construire une phrase sur le modèle suivant : « Même si j'ai ce problème, je m'accepte tel que je suis » ou en encore « Même si j'ai vécu cette situation, je m'aime et je m'accepte tel que je suis ».

Dans notre exemple, cela donnerait : *Même si je me revois en train de baisser la tête devant Jean qui me fait cette remarque en souriant et que je ressens cette colère à 7/10, je m'accepte tel que je suis.*

Vous allez alors stimuler le tranchant de votre main avec les doigts de votre main opposée, qu'on appelle le point karaté (voir le schéma) en répétant cette phrase une à trois fois. Une seule fois si vous avez beaucoup d'émotion et deux ou trois fois si vous avez du mal à rester connecté avec votre souvenir.

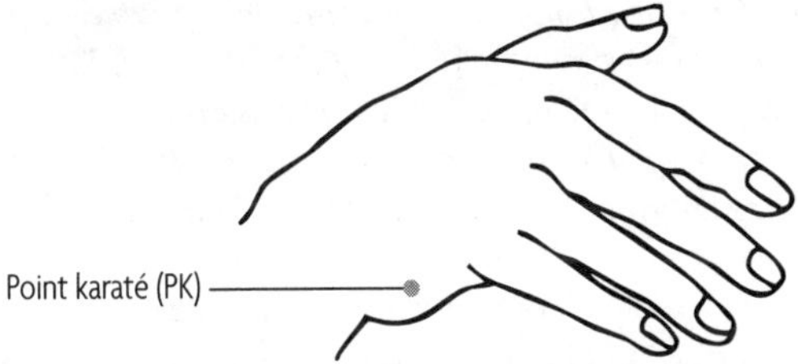

Phase 3 : les phrases de rappel et la stimulation des points d'acupressure

Vous allez à présent stimuler l'ensemble des 14 points d'acupuncture (en plus du point karaté) utilisés en EFT, tout en restant concentré sur la scène sur laquelle vous êtes en train de travailler. Pour vous aider, vous allez répéter des phrases de rappel, qui sont les différentes composantes (ou aspects) de la scène que vous avez vécue. Ce sont des phrases simples (sujet/verbe/complément) qui décrivent ce qui s'est passé, ce que vous ressentez aujourd'hui, ce que vous vous dites de vous-même.

Ce pourrait également être juste des mots juxtaposés les uns aux autres sans faire de phrase.

Dans notre exemple, cela donnerait :

Jean m'a fait cette remarque désagréable / il a souri / il s'est moqué de moi / je n'ai rien osé dire / j'ai baissé la tête / j'ai rougi / je ressens cette colère en moi / j'ai les mâchoires tendues / 7/10 de colère maintenant / je m'en veux / j'ai été lâche / etc.

Souvent au cours de la séquence d'EFT, le souvenir se précise et de nouveaux éléments nous viennent à l'esprit. C'est l'occasion ou jamais de les intégrer aux phrases que nous prononçons à voix haute durant la stimulation des points d'acupuncture.

Ensuite, il suffira d'associer une de ces phrases avec un des points d'acupuncture que nous allons voir maintenant, en le stimulant avec le bout des doigts grâce à de petits tapotements répétés 7 à 10 fois sur chaque point.

Nous retiendrons 15 points d'acupuncture répartis sur le visage, le torse et les mains. Mis à part les deux points centraux sous le nez et sous la bouche, tous les points sont latéralisés, c'est-à-dire qu'ils se trouvent de manière symétrique sur la partie droite et gauche du corps. À votre convenance, vous pouvez stimuler la partie droite seule, ou bien la partie gauche, les deux en même temps ou bien même alterner entre la droite et la gauche, cela ne change rien.

1. Pour trouver le point sur le sommet de la tête (ST), imaginez que vous tracez un trait reliant le haut de vos deux oreilles. Lorsque vous coupez la ligne médiane au sommet de la tête, vous êtes sur le bon point.

2. Le point au début des sourcils (DS) se trouve au-dessus du nez, à la naissance des poils des sourcils.

3. Le point au coin de l'œil (CO) se trouve dans le prolongement des cils lorsque vous fermez les yeux, juste au coin, sur l'os de l'orbite.

4. Le point sous l'œil (SO), se trouve à la verticale de la pupille lorsque vous regardez droit devant vous, sur l'os de l'orbite

5. Le point sous le nez (SN) se situe entre le bas du nez et le haut de la lèvre supérieure, au centre.

6. Le point du menton (ME) se situe à mi-chemin entre la pointe du menton et le bas de la lèvre inférieure, au niveau de la petite fossette horizontale.

7. Le point sous les clavicules (SC) est à la jonction du sternum, de la clavicule et de la première côte. Pour le localiser, vous pouvez aussi placer votre index dans le creux en forme de U dans la partie supérieure du sternum (là où se trouve le nœud de la cravate chez les hommes), puis le déplacer vers le bas, d'environ 2,5 cm et ensuite vers la droite ou vers la gauche de 2,5 cm.

8. Le point sous le bras (SB) se situe sous le bras, dans le prolongement de l'aisselle au milieu du bandeau du soutien-gorge pour les femmes. Pour les hommes, si vous placez le mamelon au centre de la paume de la main, le point se trouve à l'extrémité de votre majeur.

9. Le point sous le sein (SS) se situe, pour les hommes, à 2,5 cm sous le centre du mamelon. Pour les femmes, il se situe juste où passent les baleines du soutien-gorge, à la verticale des mamelons. Ce point est particulièrement utile lorsque l'on travaille sur la colère.

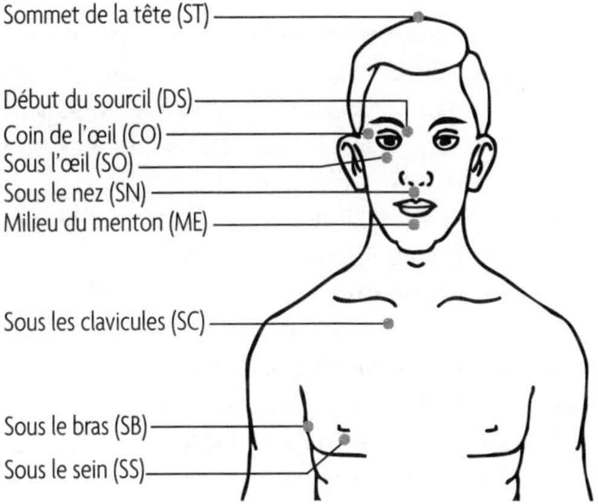
Sommet de la tête (ST)
Début du sourcil (DS)
Coin de l'œil (CO)
Sous l'œil (SO)
Sous le nez (SN)
Milieu du menton (ME)
Sous les clavicules (SC)
Sous le bras (SB)
Sous le sein (SS)

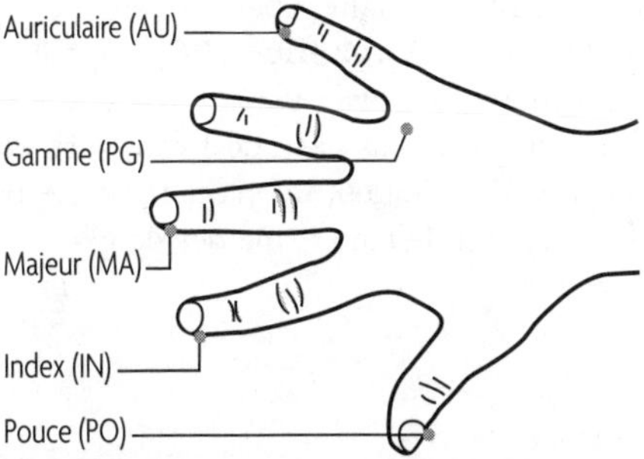
Auriculaire (AU)
Gamme (PG)
Majeur (MA)
Index (IN)
Pouce (PO)

Le point de stimulation est au même endroit sur chaque doigt, à savoir à la base de l'ongle. Lorsque la paume de votre main droite ou gauche est dirigée vers le sol, il s'agit du côté le plus près de votre corps. Lorsque vous stimulez le point à la base de l'ongle de l'index, il s'agit du côté le plus proche du pouce. Et ainsi de suite.

10. Le point du pouce (PO) : à la base de l'ongle du pouce, côté extérieur.

11. Le point de l'index (IN) : à la base de l'ongle de l'index, côté extérieur.

12. Le point du majeur (MA) : à la base de l'ongle du majeur, côté extérieur.

13. Le point de l'auriculaire (AU) : à la base de l'ongle de l'auriculaire, côté extérieur.

14. Le point de gamme (PG) : sur le dos de votre main (droite ou gauche), à environ 1 cm/1,5 cm, entre la base de l'annulaire et de l'auriculaire, dans le petit sillon qui se trouve dans le prolongement de l'intervalle des doigts.

Dans notre exemple, cela donnerait l'enchaînement suivant :

Après avoir répété la phrase de démarrage une à trois fois, vous stimulerez chaque point une dizaine de fois, en prononçant une seule fois les phrases de rappel. Ces phrases très courtes, sont destinées à décrire tout ce qui compose le problème ou le souvenir désagréable.

ST : Jean m'a fait cette remarque désagréable.
DS : Il a souri.
CO : Il s'est moqué de moi.
SO : Je n'ai rien osé dire.
SN : J'ai baissé la tête.
ME : J'ai rougi
SC : Je ressens cette colère en moi.
SB : J'ai les mâchoires tendues.
SS : Je ressens 7/10 de colère maintenant.
PO : Je m'en veux.
IN : J'ai été lâche.
MA : Cette remarque désagréable.
AU : J'ai baissé les yeux.
PG : Cette colère en moi.

Remarquez que nous prononçons des phrases négatives essentiellement : il s'agit de vous garder concentré sur le problème. Le travail de déconditionnement de l'intensité émotionnelle s'effectue tout seul grâce aux stimulations. De nombreuses études montrent que la stimulation de points d'acupuncture à un impact au niveau des structures cérébrales, et notamment au niveau de l'amygdale qui est le centre de la peur. Les stimulations répétées permettent de déconditionner les réactions automatiques qui ont été créé au moment de l'événement anxiogène.

Par la suite, il vous sera possible d'employer des phrases positives. Vous le verrez dans les chapitres suivants, mais il est indispensable d'avoir bien déprogrammé le négatif d'abord.

Phase 4 : le bilan et la poursuite des stimulations

Une fois la phase 3 achevée, faites un bilan de ce qu'il se passe en vous. Pour ce faire, vous allez recommencer ce que vous avez fait en phase 1.

Reprenez l'image la plus difficile. Dans notre exemple, celle du moment où Jean vous fait une remarque désagréable avec un sourire sarcastique, lorsque vous êtes en train de baisser la tête et de rougir.

Est-ce toujours la même image ? Il est probable que déjà cette image soit plus floue, ou plus lointaine, mais ce n'est pas forcément le cas, elle peut rester parfaitement identique. Posez-vous les questions suivantes :

Quand je vois cette image dans ma tête et que je repense à cet instant précis :

- Quelle est l'émotion qui est présente en moi en ce moment-même ? Attention : il s'agit toujours de l'émotion que vous ressentez en ce moment-même ! Supposons dans notre exemple que ce soit encore de la colère.
- Où cette émotion se situe-t-elle dans mon corps ? Qu'est-ce que je ressens en ce moment et où ? *Je ressens cette colère dans mes mâchoires, mais c'est moins fort maintenant.*
- À combien sur une échelle de 0 à 10, si 0 = une absence totale de ressenti émotionnel et physique et 10 = le maximum d'intensité que je puisse imaginer, je me situe ? *Je ressens*

cette colère dans mes mâchoires à 3/10 en ce moment.

- Vous pouvez aussi vérifier si votre croyance négative sur vous est toujours la même lorsque vous avez cette image en tête. *Je n'ai pas osé lui répondre, mais il n'avait pas à me dire cela.*

Vous allez pouvoir reprendre la phase 2 avec une nouvelle phrase de préparation et de nouvelles phrases de rappel.

Vous répétez une à trois fois cette phrase de démarrage en stimulant le point karaté avec des tapotements réalisés avec les doigts de votre main opposée : *Même si Jean m'a fait cette remarque déplacée, que je n'ai rien osé dire et qu'aujourd'hui je suis en colère, je m'accepte tel que je suis.*

Puis, vous enchaînez la ronde de stimulation de cette manière :

ST : Jean m'a fait cette remarque désagréable.
DS : Il a souri méchamment.
CO : Il s'est moqué de moi.
SO : Je n'ai rien osé dire.

SN : J'ai baissé la tête.
ME : J'ai rougi.
SC : Je suis en colère contre lui.
SB : Il n'avait pas à faire cela.
SS : Je lui en veux.
PO : J'aurais dû réagir.
IN : J'ai été lâche.
MA : Cette remarque désagréable.
AU : J'ai baissé les yeux.
PG : Cette colère en moi.

Notez bien dans cet exemple qu'entre la première et la deuxième ronde d'EFT, il y a une différence de taille : la colère qui était dirigée contre la personne elle-même est maintenant dirigée vers « l'agresseur ». De plus, elle est moins forte.

Il suffit dès lors d'enchaîner les rondes selon ce modèle jusqu'à atteindre le chiffre 0 sur votre échelle NAS (Niveau d'Anxiété Subjective). Dans notre cas, on pourrait remplacer « anxiété » par « activation », puisqu'il s'agit ici de colère.

Que faire quand l'EFT ne marche pas ?

Il est important de rappeler qu'il n'est pas possible de tout traiter tout seul, notamment les traumatismes complexes et les troubles mentaux. L'EFT n'est pas de la magie. C'est une aide précieuse, un outil thérapeutique qui peut grandement nous aider nous-mêmes mais qui ne remplacera pas dans certains cas l'aide d'un professionnel compétent en matière de soins psychologiques ou physiques. En revanche, quel que soit le spécialiste qui vous accompagne, l'EFT sera toujours un allié de choix pour vous aider à progresser vers votre objectif.

Buvez de l'eau pure

Pensez à bien vous hydrater lorsque vous pratiquez l'EFT où n'importe quelle autre activité énergétique. Le fait d'être déshydraté peut, chez certaines personnes, bloquer la progression des résultats. Pour la majorité, cela ralentira seulement le processus. Dans ce cas, l'énergie ne circule pas bien.

Il y a plusieurs manières de savoir si on est déshydraté, mais la plus évidente est de sentir sa bouche sèche. Donc buvez de l'eau, mais pure, sans citron, ni thé.

Je ne ressens rien quand je pense à ce qu'il s'est passé

Certaines personnes ne se reconnectent pas émotionnellement avec un souvenir traumatique et de ce fait ne ressentent rien lorsqu'elles pratiquent l'EFT, malgré leurs efforts répétés. Il y a plusieurs explications, notamment celle de Robert Scaer, neurologue américain et grand spécialiste des traumas et du stress post-traumatique. Il a posé l'hypothèse d'une « **capsule traumatique** » qui enveloppe le traumatisme afin de protéger la personne. Cette capsule a pour fonction d'éviter à la victime de se confronter à son souvenir. Pour se protéger, la personne reste la plupart du temps à distance de son souvenir. Elle n'éprouve donc pas de ressenti physique ni émotionnel. Et si nous n'avons pas d'émotion, rien ne se passe durant une séance d'EFT. Cela est lié au refoulement du souvenir conscient de cet événement qui est insupportable. Nous ne pouvons pas replacer le souvenir traumatique dans son contexte et nous ne pouvons pas le résoudre, l'intégrer.

Cette notion a été également reprise par différents chercheurs qui ont démontré, dans des études cliniques, que cette capsule bloque complètement l'intégration du souvenir traumatique au système de mémoire consciente de la personne. Le rappel conscient du souvenir étant vécu initialement comme insupportable, par souci de protection à court terme, il est automatiquement et systématiquement évité. Toutes les réactions, tous les comportements considérés comme pathologiques en lien avec ce trauma n'ont aucune chance d'être transformés. C'est un cercle vicieux. Dans ce cas, il est nécessaire d'être accompagné par un thérapeute compétent. Se sortir d'un tel cercle peut être comparé à l'apprentissage de l'escalade : au début, il y a un mur. Mais nous avons un baudrier qui est tenu par une corde, elle-même reliée à une personne qui nous assure. C'est le rôle du thérapeute de bien tenir cette corde, ce qui va permettre au patient de pouvoir monter et progresser. Plus le thérapeute a les bras solides et plus le patient va se sentir en sécurité. L'avantage d'un guide expérimenté, c'est qu'il a déjà fait le parcours plusieurs fois. Il sait donc où se trouvent les pièges.

Traiter les inversions psychologiques

Les inversions psychologiques sont toutes les bonnes raisons qu'une partie de nous pourrait avoir pour maintenir en place le problème dont nous voudrions nous débarrasser. C'est un peu comme si une petite voix intérieure prenait par moment le contrôle de notre vie et nous dictait inconsciemment de faire l'inverse de ce que nous préfèrerions faire consciemment.

C'est aussi ce qui explique que parfois, alors que nous avons bien fait le travail de ciblage, que nous sommes bien hydraté et activé émotionnellement, le problème perdure.

Il y a plusieurs manières de traiter ces inversions. En voici une simple et qui a le mérite d'être applicable à tout le monde et qui peut être mise en place de façon autonome.

La première chose à faire est d'identifier le point sensible. Vous allez repérer votre creux sternal, c'est-à-dire l'endroit où se pose le nœud de cravate pour les hommes. Cela fait une sorte de petit « u » en dessous de la pomme d'Adam, dans l'ossature entre les clavicules.

Pour les personnes qui font moins de 1,70 m, mettez le doigt à cet endroit et descendez de 6 cm à la verticale. Et si vous faites plus de 1,70 m, descendez de 7 cm. Puis, dirigez votre doigt vers la gauche, côté cœur, de 6 ou 7 cm selon votre taille. Là, commencez à chercher un point qui doit être sensible. Cela fait un peu mal. On le sent assez bien.

Ensuite, une fois ce point sensible repéré, avec la main droite, posez trois doigts, le majeur pile sur le point, l'annulaire d'un côté et l'index de l'autre. Commencez à masser ce point[1]. Ne tapotez pas. C'est une stimulation plutôt de massage, circulaire dans le sens des aiguilles d'une montre posée sur votre cœur.

Vous descendez à l'extérieur et montez à l'intérieur. Continuez ce massage en répétant une

1 Par mesure de précaution, les personnes qui ont un cancer éviteront de masser ce point qui est un point neurolymphatique, pour éviter de mettre la lymphe en mouvement. Elles remplaceront ce massage par la stimulation du point karaté en suivant le reste du protocole.

phrase dont l'objectif est de lever l'inversion psychologique. :

Même si j'ai ce problème et que j'ai peut-être une bonne raison de stresser, et même s'il est peut-être impossible pour moi de m'en débarrasser, et même si je ne suis peut-être pas en sécurité si je m'en débarrasse, et même si les autres ne sont peut-être pas en sécurité si je m'en débarrasse, et même si je ne mérite peut-être pas de m'en débarrasser, et même s'il y a d'autres raisons et d'autres blocages pour lesquels je ne peux pas me débarrasser de ce problème, je m'accepte totalement et complètement. Je me respecte. Et je me pardonne d'avoir toutes ces pensées inconscientes et ces ressentis et de les porter en moi depuis si longtemps. Et je me détache maintenant de tout ce qui y contribue.

En faisant cela, vous donnez la permission à votre esprit inconscient de faire le travail. Ensuite, vous pouvez commencer la séance d'EFT en ciblant précisément un événement comme nous l'avons vu dans la phase 1.

Gérer les émotions intenses avec l'EFT

À l'inverse, lorsque les émotions vous submergent, que vous êtes tellement activé que vous ne pouvez pas pratiquer l'EFT, il y a plusieurs choses à faire. Premièrement, si le fait de cibler vous active, arrêtez-vous. Gardez les yeux ouverts, respirez lentement et profondément et stimulez les points d'acupuncture de la séquence EFT sans rien dire. Insistez bien sur le point qui se trouve sous les clavicules, on l'appelle **le point d'urgence**. Il permet de calmer plus rapidement l'anxiété.

Se concentrer sur les sensations

Si l'activation émotionnelle se prolonge alors que vous êtes en train de faire les stimulations sans rien dire, dirigez votre attention sur votre corps et observez ce qui se passe. Peut-être avez-vous une boule dans la gorge ou le ventre qui se noue ? Identifiez bien vos sensations physiques et l'endroit où elles se manifestent.

Puis faites une séquence d'EFT uniquement sur les sensations physiques en stimulant une dizaine de fois chaque point l'un après l'autre, sans faire référence à votre émotion, ni à l'image, ni à quoi que ce soit qui se rapporte au souvenir, de manière à faire baisser le plus rapidement possible l'intensité.

Technique de l'approche furtive

Dans ce cas, il est probablement encore trop tôt pour travailler seul ce souvenir. Le problème est donc précisément celui-ci. Donc vous pouvez faire plusieurs rondes d'EFT en utilisant des phrases comme :

Même s'il est encore trop tôt pour moi de travailler sur ce souvenir, je m'accepte comme je suis.

Même si j'ai peur de revoir ces images, je m'accepte comme je suis.

Cette étape préliminaire vous permettra de travailler sur le problème sans même vous en rendre compte. Dans tous les cas, préservez-vous, ne vous forcez jamais. Si vous n'y arrivez pas seul, faites-vous accompagner.

Faire tout un film de son souvenir

Si vous souhaitez travailler sur un événement important de votre vie qui contient plusieurs « points chauds », voici comment procéder pour ne rien oublier. Premièrement, vérifiez que, si vous réalisiez un petit film de l'événement que vous avez en tête, celui-ci ne durerait pas plus de 3 à 4 minutes. Au besoin, découpez votre film trop long, en plusieurs « clips » que vous traiterez les uns après les autres. Puis donnez un titre simple et neutre à ce film.

Déroulez rapidement ce film dans votre tête et notez l'intensité émotionnelle sur l'échelle NAS, de 0 à 10. Si vous êtes activé à plus de 3, alors commencez par travailler sur vous avec cette simple phrase : *Même si j'ai vécu ce film [prononcez son titre] et que je garde encore en moi cette émotion, je m'accepte comme je suis.*

Lorsque votre NAS est inférieur à 3, imaginez un écran en face de vous sur lequel vous allez projeter ce film, en partant d'une scène neutre qui s'est passée avant que l'événement ne se produise.

Lorsque vous vous sentez prêt, démarrez le film en partant du moment neutre. Dès que vous sentez que l'émotion monte et bien avant qu'elle n'atteigne son paroxysme, faites une pause. Imaginez que vous avez l'image fixe sous les yeux. N'allez pas plus loin. Traitez l'émotion avec cette simple

Introduction

Qu'est ce que l'EFT et à quoi ça sert ?

L'EFT, *Emotional Freedom Techniques*, en français « Techniques de Libération Émotionnelle » est une méthode de relaxation qui permet de mieux gérer le stress quotidien et de se libérer de pensées toxiques ou de souvenirs difficiles. L'EFT est une technique dite « psychocorporelle », car elle mobilise à la fois les pensées (« psycho ») et le corps (« corporelle ») par des pressions répétées sur des endroits précis du visage, du torse et des mains.

L'EFT est à la base un outil d'auto-traitement, de *self-help* comme disent les Anglo-Saxons, destiné à être utilisé par vous-même sur vous-même. Ce petit guide se centre uniquement sur cet aspect et vous permettra de pratiquer cette technique en toute sécurité et avec efficacité, sur vous-même et avec vos enfants, pour surmonter des problèmes de la vie courante mais pas des troubles mentaux pour lesquels il est nécessaire de faire appel à un spécialiste qualifié.

Comment utiliser cet ouvrage

Ce livre est un travail collaboratif entre huit thérapeutes qui présente huit perspectives complémentaires sur l'EFT. Il est organisé en autant de chapitres qui vous permettront d'avoir des informations générales sur le mode de fonctionnement de l'EFT, la bonne manière de l'utiliser sur vous, dans votre couple ou avec vos enfants. Vous y trouverez également des exercices qui vous permettront de mettre l'EFT en application immédiatement.

À propos des auteurs

Les huit auteurs de cet ouvrage sont tous des praticiens EFT professionnels qui consultent régulièrement en utilisant cette technique. Ils ont des formations et des parcours différents :

phrase en stimulant le point karaté : *Même si je ressens encore cette émotion en voyant cette image, je m'accepte comme je suis.* Puis stimulez les 14 points, les uns après les autres en répétant simplement : *Cette image / cette émotion / etc.*, jusqu'à ce que vous arriviez à 0 sur votre échelle NAS. Ensuite, rembobinez le film au départ et recommencez de la même manière jusqu'à désactiver toutes les images de ce film.

Dès que vous pouvez passer l'intégralité du film dans votre tête, sans en parler et sans ressentir d'émotion, vous avez retraité l'événement.

Se raconter des histoires

Voici une technique complémentaire à celle du film que nous venons de voir. Vous allez faire la même chose mais en mode auditif. Vous allez maintenant raconter à voix haute ce qui s'est passé. Installez-vous dans un endroit où vous pourrez parler sans être dérangé ni inquiéter qui que ce soit quant à votre état mental. Vous pouvez également vous mettre en face d'un miroir.

Dès que vous êtes prêt, commencez à raconter l'histoire à voix haute. Et dès que l'émotion monte, arrêtez-vous et travaillez sur ce qui déclenche cette montée de la manière que nous avons vue jusqu'à présent.

Lorsque vous serez capable de raconter cette histoire à quelqu'un d'autre sans avoir de montée émotionnelle, vous pourrez vous féliciter d'avoir fait ce travail sur vous.

Chapitre 3 - Gérer son stress et se relaxer

Caroline de Meeûs,
sophrologue, praticienne EFT

Dans ce chapitre, vous trouverez différents conseils, protocoles et astuces afin de gérer vos contrariétés, vos angoisses passagères ou non, votre manque de confiance en vous, vos doutes… Certains seront couplés avec des exercices de sophrologie (respiration) et d'autres non, à vous de faire votre choix et de devenir autonome et créatif !

L'EFT est venue trouver sa place comme une évidence dans le processus d'accompagnement en sophrologie[1]. Une bonne respiration va vous aider à pratiquer encore plus rapidement et efficacement les exercices d'EFT. Ces deux techniques, l' EFT et la sophrologie (dans sa technique ici respiratoire)

1 La sophrologie est depuis longtemps synonyme de gestion du stress et des émotions grâce, entre autres, à sa technique de respiration abdominale. C'est un outil de *self-help* extrêmement efficace.

mobilisent à la fois le « psycho » et le « corporel », d'où leur efficacité.

Le stress en bref

« Stress » est un mot vague qui résume plusieurs symptômes physiologiques et physiques. Une expression fourre-tout, qui est devenu courante dans notre langage depuis une quarantaine d'années.

L'Agence européenne pour la sécurité et la santé au travail définit le stress comme ceci : « Il survient lorsqu'il y a un déséquilibre entre la perception qu'une personne a des contraintes que lui impose son environnement et la perception qu'elle a de ses propres ressources pour y faire face. Les effets du stress affectent aussi bien le psychologique que le physiologique, la santé mentale, et le bien-être (…). » Le stress est lié à des émotions qui sont elles-mêmes liées à un événement, une situation, voire une personne. Il est multifactoriel.

Il est important de faire un bilan de vos différents facteurs de stress : travail, famille, société, etc., comme vous le verrez plus loin. Le stress ainsi que les émotions vont engendrer une perturbation de la circulation énergétique du corps qui va amener des déséquilibres au niveau physiologique donc des ressentis physiques (avoir mal au ventre, le cœur qui bat plus vite, avoir chaud ou froid…) et psychologiques.

L'impact mental, les conséquences physiologiques

Le stress a un impact sur notre santé physique et mentale. La cause de votre stress, vos émotions, ne se trouve pas forcément dans les événements mais dans votre capacité à les interpréter et à réagir face à eux. Votre corps va se préparer à réagir, à passer à l'action et donc provoquer des bouleversements physiologiques.

Le stress peut vous mettre dans un des **états des 3 F** (*Figtht, Flight, Freeze*) c'est à dire en mode « Combat », « Fuite » ou « Inhibition ». Plus vous allez renforcer votre capacité à réagir aux menaces de manière appropriée grâce à l'EFT et à la respiration, plus vous aurez la possibilité de reprendre le contrôle et donc de ramener votre système nerveux autonome à la normale !

Comment améliorer votre respiration de façon efficace avec l'EFT afin de gérer votre stress rapidement

Le stress a un impact quasi immédiat sur la respiration. En effet, en état de stress, la respiration est bloquée, le souffle coupé, c'est l'oppression thoracique... Il est important de savoir respirer !

Nous parlerons dans ce chapitre essentiellement de la respiration abdominale. N'oubliez pas que le ventre est votre deuxième cerveau !

Exercice : la respiration abdominale

Vos mains sont posées au niveau du nombril. Inspirez par le nez en gonflant le ventre comme si vous vouliez gonfler un ballon avec votre nombril. Et expirez par la bouche en rentrant le ventre.

Cette méthode de respiration abdominale est utilisée aussi en cohérence cardiaque avec un rythme de 5 temps à l'inspiration et 5 temps à l'expiration, elle vous aidera aussi à renforcer votre système nerveux autonome et vous permettra ainsi de réagir de façon efficace et rapide face à un stress ou à une émotion.

À pratiquer 3 fois par jour pendant 5 minutes à raison de 6 respirations complètes par minute ! C'est très efficace pour lutter contre le stress car cela va baisser votre pression artérielle ainsi que votre fréquence cardiaque et le calme s'installera.

Conseils

Si c'est la première fois que vous pratiquez cette respiration, allongez-vous confortablement sur le dos, posez les mains sur votre ventre au niveau du nombril et faites un bilan de votre respiration normale. Comment est-elle ? Abdominale ou plutôt thoracique ? Respirez-vous de manière saccadée, irrégulière ou fluide ?

Essayez ensuite d'inspirer profondément par le nez en gonflant votre abdomen, toujours les mains sur le ventre, puis soufflez par la bouche et rentrez le ventre comme si vous dégonfliez votre ballon. Relâchez.

Récupérez votre respiration naturelle et recommencez 2 fois au moins.

Exercice : l'EFT pour débloquer la respiration

Mettez-vous debout et demandez-vous à quel degré de difficulté vous êtes entre 0 et 10 au niveau de votre respiration. Gardez ce chiffre dans un coin de votre tête puis, tout en stimulant le point karaté, (voir page 29) dites cette phrase : *Même si j'ai du mal à respirer de façon abdominale, à gonfler le ventre, je m'aime et je m'accepte profondément et totalement tel que je suis. Mes difficultés sont bien normales, puisque je n'ai pas l'habitude.*

DT : J'ai du mal à gonfler le ventre.

DS : Je n'y arrive pas.

CO : Je n'y arriverai jamais.

SO : C'est trop difficile.

SN : Ce n'est vraiment pas pour moi, cette respiration.

SM : Je suis nul.

CL : Les enfants y arrivent et la nuit je le fais instinctivement !

– SS : Pourquoi pas maintenant ?

– SB : Je suis vraiment nul !

Points de la Main :

Pouce : Et si je m'autorisais à respirer pleinement, même si cela me paraît bizarre ?

Index : Les enfants savent respirer profondément par le ventre, pourquoi pas moi ?

Majeur : Pourquoi je n'arrive à respirer par le ventre ?

Auriculaire : Je lâche mes appréhensions.

Point de gamme : Je respire pleinement par le ventre.

PK : Je respire, je sais respirer de façon profonde et calme, je m'ouvre la possibilité de respirer encore plus avec mon ventre.

DT : Je lâche un peu plus mes appréhensions.

DS : Je n'ai pas peur de respirer.

CO : Je respire profondément.

SO : J'accepte de respirer profondément.

CL : Je respire.

SS: Je sens mon ventre se gonfler sans problème.

SB : Je respire profondément.

Finissez sur le PK en disant : Je m'aime et je m'accepte profondément et totalement tel que je suis et je suis fier de respirer !

Remettez les mains sur le ventre au niveau du nombril et demandez-vous : « Cela a-t-il diminué ma difficulté à respirer ? Qu'est ce que je ressens (émotion) ? Qu'est-ce que je sens dans mon corps ? Qu'est ce que je me dis ? À quel chiffre suis-je entre 0 et 10 ? »

Testez à nouveau vos capacités !

Si besoin, recommencez la ronde avec ce qu'il reste de difficultés sur le même principe : *Même si j'ai encore un peu de mal à respirer de façon abdominale, je m'aime et je m'accepte profondément et totalement.*

Et repassez les différents points avec ce reste.

À vous de créer vos phrases, vos ressentis, en fonction du modèle présenté dans cet exercice.

Conseil : faites la respiration de base abdominale au moins 3 fois en toute conscience, avant de faire vos rondes d'EFT, quel que soit votre protocole. Et enchaînez sur le protocole, la ronde que vous avez à faire. Vous serez surpris par son efficacité encore plus rapide !

L'utilisation de l'EFT sur la gestion du stress

Lorsque vous êtes stressé, vous produisez du cortisol, une des hormones du stress avec l'adrénaline et la noradrénaline. Le cortisol va déclencher l'un des états 3 F vu précédemment. L'EFT aura donc une action physiologique, psychologique émotionnelle ultra rapide et simple à mettre en pratique et autonomisante. Dawson Church dans son livre *Le Génie dans vos gènes*, explique que lorsque l'on pratique l'EFT, les globules rouges augmentent : « Une femme médecin examinait les globules rouges de son patient à l'aide de la microscopie sur fond noire avant et après utilisation de l'EFT [...] la praticienne a découvert que le patient pouvait modifier le degré d'agglutination de ses globules rouges en pratiquant l'EFT et que l'effet était immédiatement visible (...) ».[1]

J'ai pu le vérifier avec une cliente atteinte d'un cancer depuis très longtemps et qui a vu son taux de globules rouges augmenter depuis qu'elle vient en séance de groupe EFT et sophrologie (6 mois). Le médecin a été très surpris…

Le stress agit sur votre système immunitaire, affaiblit vos organes et vous vieillissez prématurément. L'EFT est donc un allié de choix pour votre bien-être. Je conseille aussi aux femmes enceintes de pratiquer l'EFT avant et après leur accouchement afin de mieux gérer les appréhensions, les peurs, la douleur et même les pleurs des bébés – et ça fonctionne !

L'EFT doit rentrer dans votre quotidien de façon spontanée et ludique.

---

1 Dawson Church, *Le Génie dans vos gènes*, Éditions Dangles, 2013, pp.262-263.

Exemple : *Même si j'ai un bouton sur le front ce matin et que ce n'est pas le jour, car j'ai un entretien, je m'aime et je m'accepte inconditionnellement. Une partie de moi a peur de cet entretien à cause de ce bouton et une autre partie s'autorise à ce que tout se déroule bien et que l'on ne voit pas mon bouton … parce que je le vaux bien !*

Suivez le processus du protocole cité précédemment. Demandez-vous d'abord à combien vous êtes sur l'échelle entre 0 et 10.

Répétez 3 fois la phrase sur le PK puis stimulez chacun des points avec votre phrase de rappel qui, dans ce cas, pourrait être « Mon bouton sur le front », « Je suis moche », « Je suis super en colère », « Je suis sûr que l'on ne va voir que ça » etc. Exprimez ce que vous ressentez de négatif par rapport à vous ou à la situation.

Faites votre bilan en vous demandant à combien vous êtes entre 0 et 10. Refaites une ronde si besoin avec ce qui reste d'émotion.

Protocole anti stress

Pensez à l'événement qui déclenche du stress (examen, compétition, entretien…). Quand vous pensez à cet événement, y a-t-il une image qui vous vient en tête ? Que ressentez-vous ? Où cela se passe-t-il dans votre corps ? Y a-t-il une couleur, une forme (carré, rond, triangulaire) une matière (mou, dur, piquant, doux..) associée ?

Exemple de protocole EFT pour une compétition d'athlétisme de Marie, 13 ans

PK : Même si j'ai peur de ne pas arriver à sauter les haies, je m'aime et je m'accepte profondément et totalement.

Même si j'ai très peur de rater une haie comme la dernière fois, je m'accepte totalement et profondément.

Même si j'ai la trouille de rater une haie, que je ne sais pas comment je vais y arriver, je m'accepte totalement et profondément.

DT : Je ne vais pas y arriver.

DS : Ces fichues haies.

CO : Mon pied droit va encore toucher.

SO : Je ne vais pas y arriver.

SN : C'est sûr, je vais toucher la haie.

SM : Je suis nulle.

CL : Je suis très énervée, je vais encore arriver troisième.

SB : Cette boule dans ma gorge, mon pied qui est bloqué.

SS : Mon entraîneur qui me regarde.

PK : Je ne vais pas y arriver, je n'y arriverais jamais.

DT : Je suis en colère.

DS : J'en ai marre de ces haies.

CO : Et si j'avais des chaussures avec des ressorts.

SO : Je rebondis.

SN : je m'autorise à sauter très haut.

SM : Je me vois sauter de plus en plus haut.

CL : C'est génial.

SB : Les haies sont toutes petites.

SS : Je saute les haies et je gagne la compétition !

PK : Je suis une fille géniale et je m'aime et je m'accepte profondément.

Elle prend ensuite une profonde inspiration et souffle… Elle a gagné !

Elle refait un bilan sur ses ressentis (0-10).

Elle refait la ronde en changeant certains aspects, émotions, si besoin.

Le processus de paix personnelle

C'est une méthode efficace que je préconise systématiquement en consultation. Cela va vous permettre de faire votre ménage émotionnel en profondeur depuis votre enfance jusqu'à l'âge adulte.

Prenez un cahier et faites, par tranche de vie, le bilan de ce qui vous a dérangé, traumatisé, choqué, ce que vous avez pu voir ou entendre qui vous a marqué.

Vous allez faire par exemple plusieurs chapitres : 1) enfance, 2) adolescence, 3) âge adulte. Chacun de ces chapitres contient des sous-chapitres comme « À l'école », « Chez ma grand-mère », « Chez moi », « Pendant les vacances », etc. l'essentiel étant de bien lister tous ces événements. Vous devriez en trouver au moins 50 sinon c'est qu'il y a quelques chose qui ne va pas !

Vous allez sans doute constater que certains événements ont encore une résonance émotionnelle. Donnez-leur un titre, par exemple « J'ai mangé le gâteau de ma sœur », « J'ai regardé sur le cahier de ma voisine de classe », « Mon prof de maths m'a dit que je ne pourrais jamais faire médecine »... et appliquez la technique de « l'histoire racontée » expliquée au début de ce guide (voir page 49).

Hiérarchisez les sujets les plus envahissants et traitez-les complètement, dans l'ordre, avant de passer à un autre. Si vous avez des difficultés avec certains sujets plus délicats, faites-vous aider par un praticien EFT.

Essayez de faire cet exercice quotidiennement. Au bout de trois mois, vous devriez déjà avoir éliminé un certains nombres de choses !

Conseils, trucs et astuces

Faites votre **ménage émotionnel.** Tous les jours, le matin au saut du lit ou bien le soir après votre journée afin d'éliminer vos stagnations énergétiques, vos contrariétés, vos émotions au fur et à mesure et ainsi éviter qu'elles ne s'installent.

Débarrassez-vous de ce qui ne vous appartient pas ! Nettoyez le circuit de vos méridiens afin d'empêcher toute stagnation émotionnelle dans le grand ordinateur qu'est votre cerveau et votre inconscient.

Il est conseillé de boire un grand verre d'eau avant et après vos rondes EFT. Vous pouvez utiliser les phrases ou la ronde en vous lavant les dents, en promenant votre chien, en faisant du vélo, ou encore en prenant votre douche — imaginez que l'eau emmène toutes vos contrariétés avec elle.

Si vous n'avez pas envie de faire toute la ronde, stimulez simplement le point clavicule, qui agit rapidement sur les peurs et le stress, tout en disant vos phrases de rappel.

Chapitre 4 - L'EFT dans son couple

Carine Barco, thérapeute familiale et conjugale, praticienne EFT

Dans notre société, bien des couples sont mis à mal et peu réussissent à naviguer dans les eaux troubles de la relation. Le nombre de divorces chez les couples mariés ne fait que croître, il atteint presque 50 % aujourd'hui. Et parmi ceux qui ne divorcent pas, on estime que 30 % d'entre eux vivent ce qu'on appelle un divorce secret. Beaucoup de couples ne savent pas comment résoudre leurs problèmes et s'en sortir, pourtant peu consultent en cabinet de thérapie conjugale. Bien souvent, le thérapeute conjugal est appelé en ultime recours lorsque le couple est sur le point d'imploser ou d'exploser.

L'EFT est un outil exceptionnel pour le couple car il permet de gérer de manière autonome les difficultés relationnelles avant qu'il ne soit trop tard. Je vous conseille d'utiliser l'EFT au sein du couple de manière prophylactique : tout comme vous n'attendez pas de sentir épouvantablement mauvais pour vous laver et changer vos vêtements, n'attendez pas que votre relation de couple devienne insupportable pour en prendre soin. Si vous êtes déjà en crise, je vous invite à consulter un professionnel.

Au delà d'un outil de gestion des difficultés, l'EFT permet d'instaurer un climat de partage et de soutien, terreau essentiel à la vitalité du couple et au développement de chacun.

Vous voulez que votre couple réussisse ?

Dissipez les émotions destructrices à l'encontre de votre partenaire ou de la relation

John Gottman, chercheur mondialement connu pour son travail sur la réussite des couples, peut déterminer en l'espace de quelques minutes de discussion sur un sujet de discorde si un couple a une chance de réussir ou pas. Son premier critère d'échec, confirmé au travers de ses nombreuses études et observations, est le ton du début de cette conversation. Si le ton est négatif, accusateur, sarcastique ou méprisant, et si la réponse est sur la défensive, évasive voire silencieuse, la discussion ne mène à rien. Pire elle envenime et fossilise tout problème. Ceci alors même que ses études montrent la nécessité d'un ratio d'au minimum cinq interactions positives pour une interaction négative afin que le couple s'épanouisse.

Dans bien des couples, les différents, les non-dits et les conflits ont tendance à créer un point de frustration, colère, rancœur ou ressentiment tel que chaque partenaire perd la capacité de rester dans une neutralité bienveillante et de se comporter de manière rationnelle, ouverte et constructive. Ces émotions négatives se traduisent par la production de cortisol, l'hormone du stress. Cette hormone du stress vous fait passer en mode défensif, vous préparant pour le combat ou la fuite. Pas idéal comme terreau pour l'échange au sein du couple et son bon développement. Dans cet état, tout individu devient toxique pour la relation. Il doit donc impérativement avant toute interaction, retrouver son équilibre. L'EFT le lui permet : des études ont prouvé qu'après seulement douze minutes de stimulations EFT, l'agglutination des globules rouges dans le sang change et le système nerveux parasympathique se relaxe.

À partir d'aujourd'hui, cessez d'être toxique pour la relation : dissipez vos émotions destructrices à l'encontre de votre partenaire ou de la relation et mettez-vous en état de bienveillance !

Exercice du carton de déménagement

Il y a un exercice que vous pouvez faire pour dissiper la charge émotionnelle négative que vous ressentez vis-à-vis de votre partenaire[1] ou de votre relation en ce moment. Cet exercice vous permet de manière simple et rapide de vous remettre dans un état de fonctionnement optimal. Il s'inspire de la métaphore du carton de déménagement développée par la coach de vie américaine Lindsay Kenney dans son travail sur l'estime de soi.

Prenez une feuille de papier et un crayon et notez tout ce qui vous gêne dans votre relation ou vis-à-vis de votre partenaire en répondant aux questions suivantes :

---

1 Par simplicité, j'utilise la forme masculine pour chaque partenaire tout au long du chapitre.

- Que percevez-vous de négatif dans votre relation aujourd'hui ?
- Quelles améliorations sont nécessaires pour l'harmonie et la pérennité de votre couple ?
- Qu'est-ce qui vous empêche de vivre la relation dont vous rêvez ?
- Quels stress ressentez-vous quand vous pensez à votre relation ?
- Quels stress ressentez-vous quand vous pensez à votre partenaire ?
- Quelles sont les choses que vous ne supportez plus ou que vous ne voulez plus accepter dans votre relation ou chez votre partenaire ?
- Qu'a fait votre partenaire qui vous a blessé ? Que fait-il encore qui vous blesse ?
- Qu'a dit votre partenaire qui vous a blessé ? Que dit-il parfois qui vous blesse ?
- Qu'avez-vous fait qui a blessé votre partenaire ? Que faites-vous encore qui le blesse ?
- Qu'avez-vous dit qui a blessé votre partenaire ? Que dites-vous encore parfois qui le blesse ?
- Quel est le pire problème pour vous ?

- Qu'est-ce qui vous empêche de vous sentir vraiment bien dans votre relation ?
- Qu'est-ce qui vous empêche d'être totalement ouvert et bienveillant envers votre partenaire ?
- Êtes-vous totalement prêt maintenant à vous ouvrir à votre partenaire de manière bienveillante et sinon, pourquoi ?
- Quelles émotions négatives vous empêchent de vous sentir vraiment bien dans la relation ?

Une fois cette liste écrite, notez en face de chaque question toutes les sensations que vous avez quand vous pensez à ce problème ainsi que les émotions qui vont avec. Enfin, notez l'intensité de cette émotion sur votre échelle de 0 à 10. Si vous le voulez, vous pourrez travailler chaque question séparément.

Pour l'heure, imaginez que tout ceci représente les choses qui vous empêchent d'être en lien avec votre partenaire de manière calme et ouverte. Ensuite imaginez un carton de déménagement. Un simple carton sans valeur que vous pourriez jeter sans regret. Et mettez dans ce carton toutes les choses que vous avez notées précédemment, tout ce que vous pensez de négatif sur votre partenaire ou votre relation, tout ce qui vous fait du mal, toutes les choses négatives que vous avez faites ou dites, ce que votre partenaire vous a fait ou dit de négatif. Vous pouvez utiliser un geste de la main pour le faire ou fermer les yeux et le faire tout simplement en imagination.

Imaginez maintenant sa taille, sa forme, sa couleur. Et observez la charge négative totale de ce carton. Donnez une note de 0 à 10 à cette charge, 10 étant la charge négative maximale. Si vous n'êtes pas sûr du chiffre, donnez le premier chiffre qui vous vient à l'esprit. Maintenant fermez ce carton et collez dessus une étiquette avec le nom ou titre qui traduit au mieux ce qu'il contient. Et je vous invite à faire des rondes d'EFT sur ce carton de la manière suivante :

PK : Même si toutes ces choses dans ce carton me font du mal, m'empêchent de me sentir bien dans la relation et envers mon partenaire, je m'aime et je m'accepte tel que je suis. Même si je ressens tout ce stress lorsque je pense à tous les événements, émotions négatives et circonstances que ce carton contient, je m'aime et je m'accepte. Et je me pardonne pour tout ce que j'ai pu faire ou ne pas faire qui a contribué aux problèmes. Même si tout ce que ce carton contient est en train de gâcher ma relation, je m'aime et je m'accepte tel que je suis. Même s'il se peut qu'une partie de moi ne veuille pas lâcher le contenu de ce carton, je m'aime et je m'accepte tel que je suis. Et je veux que cette relation s'améliore et réussisse. Même s'il se peut qu'une partie de moi ne veuille pas lâcher ce qui se trouve dans le carton, ce qui gâche ma relation, pour des raisons que j'ignore, je m'aime et je m'accepte totalement et profondément.

ST : Tous ces trucs dans ce carton…

DS : Tout ce stress que je ressens… Ces émotions destructrices.

CO : Comment en sommes-nous arrivés là ?

SO : Toutes ces choses qui m'ont blessé… Toutes ces choses qui me blessent… qui gâchent la relation…

SN : Tout ce fatras dans ce carton.

SB : Tous ces trucs moches dans ce carton.

SC : Je me sens mal… Ça m'affecte.

SB : Je veux m'en débarrasser.

SS : Toutes ces choses, pensées et croyances négatives qui abîment notre relation.

Pouce : Je suis prêt à m'en débarrasser.

Index : Je veux détruire ce carton.

Majeur : Je veux annuler toutes ces choses, pensées et croyances négatives.

Auriculaire : Je veux m'en libérer.

PG : Je m'autorise à me débarrasser de ce carton et de tout ce qu'il contient.

PK : Toute la colère, le ressentiment, la frustration et le stress que cela a créé.

ST : Je me donne la permission de détruire ce carton.

CS : Mais la relation doit changer coûte que coûte.

CO : J'ai peur que si je laisse tout cela aller, rien ne changera jamais.

SO : Je n'aurai aucun résultat. Qui sait, ça va même peut-être empirer.

SN : Mais ma frustration n'a jamais servi à rien.

SB : Je suis fatigué.

SC : Je suis fatigué de cette frustration.

SB : Je suis fatigué de ma douleur et de ce stress.

SS : J'en ai marre.

Pouce : Et si je m'autorisais à laisser aller ce carton ?

Index : Parce que je peux lâcher prise de ce qui est négatif en toute sécurité et discuter avec mon partenaire.

Majeur : Je suis présent à moi-même et je retrouve mon calme.

PG : Ici et maintenant, je suis bien.

PK : Je m'ouvre à une nouvelle manière d'être.

Prenez une grande inspiration et expirez. Bougez votre corps, étirez-vous. Et observez comment vous vous sentez. Percevez les changements. Que ressentez-vous de différent ?

Avec cet exercice, vous n'avez pas besoin d'être particulièrement précis. Il s'agit juste de faire décroître la charge négative globale de votre passif avec votre partenaire. Répétez les phrases aussi longtemps que vous le souhaitez jusqu'à ce que la charge émotionnelle diminue voire disparaisse. Vous pouvez utiliser vos propres phrases qui refléteront au mieux votre ressenti. Par exemple : *Je veux me débarrasser de tout ce qu'il y a de négatif dans la relation* ou *Toutes ces choses qui m'ont détruit*. Faites des rondes jusqu'à ce que ce carton n'ait plus d'emprise sur vous. Lorsque la charge négative est à 2 sur 10 ou plus bas encore, vous pouvez alors imaginer jeter ou incinérer ce carton.

Cet exercice peut être répété aussi souvent que vous le souhaitez, par exemple chaque soir avant de vous endormir. Il est bien évident que si vous êtes submergé par le stress, vous pouvez utiliser cet exercice pour l'évacuer avant de retrouver votre partenaire, évitant ainsi que vos émotions négatives ne deviennent destructrices.

Réparez vos anciennes blessures relationnelles

La relation de couple est un lieu de prédilection pour les blessures relationnelles du passé.

Celles-ci, et en particulier celles de la petite enfance, ressurgissent, parfois dès les premières semaines. Il est estimé qu'environ seulement un quart de la population a un attachement sécure, c'est-à-dire sans tendance à l'ambivalence, l'anxiété de la perte du lien ou de la distance, ou l'évitement de l'interaction et de l'intimité. Comme les parents (ou figures parentales) parfaits n'existent pas, les blessures de l'enfance sont inévitables. La proximité et l'intimité du lien conjugal ressemblent suffisamment à celles des premiers liens pour que les manques, les blessures affectives et les traumatismes, grands ou petits, des premières relations d'attachement se rejouent dans le quotidien du couple.

De surcroît quand les croyances négatives s'en mêlent, alors la relation devient un enchevêtrement inextricable d'injonctions paradoxales réciproques : chaque personne demande à l'autre quelque chose qu'elle souhaite et en même temps qu'elle ne croit pas possible ou dont elle a peur. L'un des partenaires dit par exemple « Aime-moi » et en même temps pense « Je ne suis pas digne d'amour » ou a peur que l'amour ne soit suivi d'abandon et donc souhaite inconsciemment s'en protéger. La personne demande au niveau verbal et conscient d'être aimé et sans en avoir conscience demande au niveau non-verbal de ne pas l'être. Si bien que la réponse de son conjoint quelle qu'elle soit n'est jamais suffisante ou adéquate, puisqu'elle ne peut répondre qu'à une seule et non aux deux injonctions à la fois.

Si en plus vous avez vécu d'autres relations de couple ou des séparations dans le passé, il est fort probable que ces relations-là aient aussi laissé leurs marques en vous. Les difficultés relationnelles au sein du couple semblent donc programmées d'avance. Si votre partenaire appuie sur les boutons qui activent vos anciennes blessures, déclenchent vos mécanismes de défense et ne répond pas à vos attentes, dites-vous que vous êtes tout à fait dans la norme ainsi que votre couple ! Ce que vous venez peut-être de comprendre c'est que le problème – votre partenaire ou ce qu'il fait ou ne fait pas – n'est pas le vrai problème. En tout cas, pas tout à fait. En réalité, d'une certaine manière, il est même parfait pour vous : parfait pour vous aider à vous libérer de la tyrannie de vos conditionnements et blessures relationnelles passés. Mais pour y parvenir, vous avez besoin de rester aussi attentif, ouvert et flexible que possible et surtout vous engager et vous investir. Là encore l'EFT devient un outil idéal.

Vous pouvez vous libérer grâce à l'EFT et ce que j'appelle la procédure de paix relationnelle de vos difficultés relationnelles passées et des croyances sur le lien, les hommes ou les femmes, l'amour qui vous desservent.

Je vous propose un exercice. Travaillez chaque élément de la procédure de paix relationnelle un par un, à votre rythme. Une fois les éléments de votre procédure de paix relationnelle purgés, vous aurez contre conditionné la plupart de ces éléments et verrez votre partenaire et la relation sous un nouveau jour.

Identifiez vos « boutons » et prenez la responsabilité personnelle de vos émotions ! Vous pourrez ainsi ne plus prendre les choses personnellement, vous libérer des craintes inutiles à l'égard de votre conjoint ou de la relation et dégager de l'énergie pour développer ce que vous désirez vraiment dans votre couple.

Exercice de procédure de paix relationnelle

Posez-vous les questions suivantes et observez les événements ou croyances négatives qui émergent. Donnez à chaque souvenir ou croyance un titre et faites-en une liste. Ensuite reprenez chacun de ces souvenirs ou croyances et travaillez-les grâce à l'EFT. Cette liste deviendra votre carte de route pour une plus grande paix relationnelle.

Quelle est la pire expérience relationnelle négative de votre vie ?

Quelles expériences relationnelles négatives avez-vous eues ? En avez-vous tiré des croyances négatives ?

À qui en voulez-vous et pourquoi ?

De quelle manière votre mère n'a-t-elle pas été présente pour vous ?

De quelle manière votre père n'a-t-il pas été présent pour vous ?

Qu'avez-vous appris de vos parents sur les relations qui soit négatif ? Sur le couple ? Sur l'amour ? Sur l'intimité ? Sur le lien ? Sur les hommes ? Sur les femmes ?

Rappelez-vous votre première relation amoureuse. Y a-t-il quelque chose à nettoyer dans cette expérience ?

Rappelez-vous votre première relation romantique. Y a-t-il quelque chose à nettoyer dans cette expérience ?

Rappelez-vous votre première relation sexuelle. Y a-t-il quelque chose à nettoyer dans cette expérience ?

Rappelez-vous toutes vos expériences de couple et notez tout ce qu'il y a à nettoyer. Avez-vous développé des croyances limitantes au cours de ces relations passées ?

Si vous deviez tomber sur l'un de vos ex, quelles seraient vos réactions internes négatives ?

Avez-vous eu des exemples de couples harmonieux et durables dans votre vie ?

Quelles sont vos croyances limitantes sur ces couples ? Maintenant prêtez attention et écrivez toutes vos croyances limitantes sur le couple ou votre capacité à être en couple de manière harmonieuse et durable.

Vous sentez-vous en sécurité dans un couple harmonieux et durable ? Si non, pourquoi ?

Quels sont les inconvénients d'être dans un couple harmonieux et durable ?

Quelles sont vos croyances négatives sur l'amour ?

Qui vous a maltraité et comment ?

Qui vous a trahi et comment ?

Qui vous a renié et comment ?

Qui vous a menti et comment ?

Qui vous a abandonné et comment ?

Y a-t-il des circonstances ou événements importants en lien avec les relations autres que celles déjà notées qui doivent être nettoyés ?

Faites un scan de votre corps, partie par partie, et notez toute mémoire relationnelle négative figée dans l'une ou plusieurs de ces parties.

Qu'est-ce qui vous fait peur dans une relation ? Dans l'amour en général ? Qu'est-ce qui vous rend triste ? Qu'est ce qui vous frustre ? Vous met en colère ?

Apprenez à communiquer de manière vraie et constructive

Lorsque je reçois des couples, la première séance est en général dédiée au motif de consultation. Il est rare que cela soit une crise qui déclenche la consultation, mais le couple est déjà en crise lorsqu'il vient, car il n'arrive pas à trouver seul d'issue à sa problématique. Le couple ou l'un des membres du couple espère bien revenir à une interaction plus saine. Quel que soit le ou les problèmes présentés, le leitmotiv qui revient quasi systématiquement est : « Nous n'arrivons plus à communiquer. » Et ils ont raison, la communication est au cœur des relations saines et satisfaisantes. Quand les discussions prennent un mauvais tournant et les thèmes semblent se répéter sans que rien ne change, chacun des membres du couple parle une langue étrangère que l'autre ne comprend pas. Ils ne se rencontrent pas dans l'échange.

Bien discuter c'est avant tout une histoire d'apprentissage. Apprendre à bien communiquer c'est apprendre :

- La présence dans une neutralité bienveillante ;

- L'écoute sans barrières créées par les émotions négatives et sans idées préconçues créées par la pensée ;
- C'est surtout le langage de la vulnérabilité où l'on parle plus de soi et de ses vulnérabilités que de l'autre et de ce qu'il vous fait « subir ».

Avec cette forme de langage ce qui compte, bien plus que ce qui est dit ou entendu, c'est comment cela est dit et entendu, donc ce qui compte, c'est non pas ce qui est échangé, mais l'échange lui-même. De cette manière, la personne en face de vous n'est plus « autre ». Dans l'échange vous devenez reliés.

Apprenez un nouveau langage : **le langage vrai**, celui de la rencontre et de l'échange dans la vulnérabilité.

Exercice du langage vrai

Pour faire l'expérience du langage vrai, choisissez ensemble un moment et un lieu où vous ne serez pas dérangés. N'ayez pas d'autre objectif que d'expérimenter, d'explorer, de rencontrer l'autre dans sa vulnérabilité en l'aidant à la découvrir. Soyez sans jugement, attente ou critique, quoi que votre partenaire dise, que vous soyez d'accord ou non. Ne cherchez pas à minimiser, à vous justifier, à consoler ou donner des conseils. Vous n'êtes pas là pour résoudre un problème, mais pour créer un espace de sécurité. Au début, commencez avec un exemple de désaccord léger. Par la suite, vous pourrez utiliser cet outil pour des désaccords plus importants.

Pendant que votre partenaire s'exprime, regardez-le dans les yeux, et stimulez les points d'EFT d'une de ses mains, peu importe laquelle. Pour cet exercice stimulez uniquement les doigts de sa main, son point karaté et son point de gamme. Et pour plus de douceur, plutôt que de tapoter, choisissez de presser délicatement en même temps les deux côtés de la base de l'ongle de chaque doigt (même l'annulaire) entre pouce et index. C'est une forme de tapping en continu. Au début, ne dites rien pendant qu'il parle.

L'exercice se fait en six étapes :

1. L'expression de la vulnérabilité
2. L'effet miroir au présent
3. La mise en lien avec le passé

4. L'effet miroir au passé
5. Résumé
6. Le partage d'empathie

Étape 1 – L'expression de la vulnérabilité

Dans la première étape, votre partenaire exprime son vécu ou ressenti vis-à-vis d'une interaction avec vous qui l'a énervé. Il décrit les faits, la situation, qui a appuyé sur ses « boutons ». Par exemple : *Quand tu as oublié d'acheter le pain, je me suis senti en colère et frustré. Et là je suis dépité.* Il s'attache à ne parler que de son ressenti, émotionnel et physique, dans la situation et maintenant. Il s'exprime donc dans la langue de la vulnérabilité. S'il en vient à vous critiquer, vous blâmer ou utiliser des qualificatifs qui vous définissent, c'est qu'il a basculé dans le langage du conflit. Dites-lui alors : *Parle-moi plus de toi et de ton ressenti que de moi.*

Étape 2 – L'effet miroir du présent

À intervalles réguliers, faites-vous le miroir de ce qui a été énoncé en disant : *Je t'entends me dire que...* et reprenez ce qu'il a dit en utilisant au maximum ses mots exacts, sans rien changer.

Votre partenaire pourra répondre « oui » si c'est bien réfléchi ou dire « en partie » ou « pas tout à fait » s'il y a besoin de compléter ou d'apporter des précisions. Si votre partenaire parle trop longuement, vous pouvez lui dire : *Laisse moi m'assurer que j'ai bien compris avant que tu ne poursuives.* L'échange se fait jusqu'à ce que votre partenaire ait dit tout ce qu'il ressentait. Lorsqu'il a fini de s'exprimer, ajoutez : *Y a-t-il autre chose à ce sujet ?*

Étape 3 – La mise en lien avec le passé

Demandez alors : *Peux-tu me dire ce que ces sentiments te rappellent de ton passé ?* Et votre partenaire s'exprime. S'il est touché dans sa vulnérabilité, pensez à stimuler les points de la main. Lorsqu'il a fini de s'exprimer, ajoutez : *Y a-t-il autre chose à ce sujet ?*

Étape 4 – L'effet miroir du passé

Lors de la mise en lien avec le passé, vous continuez de vous faire miroir de ce qui est exprimé en reformulant comme nous l'avons vu précédemment en disant : *Je t'entends me dire que…*

Étape 5 – Résumé

Ensuite, vous ferez le résumé de ce que vous avez entendu de la situation présente et validerez ce que vous avez compris du lien entre la situation présente et l'expérience passée de votre partenaire. À nouveau, votre partenaire pourra répondre « oui » si c'est bien résumé et validé ou dire « en partie » ou « pas tout à fait » s'il y a besoin de compléter ou d'apporter des précisions.

Étape 6 – Le partage d'empathie

Enfin vous direz ce qui vous a le plus touché et exprimerez l'empathie que vous éprouvez par rapport au vécu et ressenti de votre partenaire. Les rôles peuvent ensuite être inversés, aussitôt ou plus tard.

Soutenez votre partenaire énergétiquement et physiquement

L'amour seul ou la communication seule ne suffisent pas. Si le cœur est la demeure de la communion intime dans l'amour, l'esprit de la communion intime dans l'échange, le corps est la demeure de la communion intime dans l'action. Il faut se livrer à des actes d'amour sur une base quotidienne pour nourrir la relation.

Chez le nourrisson, ce lien passe beaucoup par le corps et en particulier le toucher : les caresses, le peau à peau, les massages, etc. Dans le couple il arrive que ce contact s'amenuise ou se perde. Avec l'EFT vous pouvez rétablir et entretenir ce lien.

Par exemple, lorsque votre partenaire est en souffrance, stressé, anxieux, découragé ou déprimé, vous pouvez tout simplement masser son point sensible sur le côté gauche en cercle du cœur vers l'aisselle pendant qu'il en parle. Ou bien, si vous sentez que quelque chose ne va pas, invitez-le à vous en parler et stimulez les points EFT pendant qu'il s'ouvre à vous. Beaucoup se plaignent de ne savoir quoi faire lorsque leur partenaire est en souffrance. Voici des gestes très concrets que chacun peut utiliser et qui apportent un soulagement.

Utilisez des gestes EFT pour soutenir votre partenaire. Demandez-lui de faire de même.

Chapitre 5 - L'EFT avec ses enfants

Yvette Urguette,
psychologue clinicienne, praticienne EFT

Selon Richard Bandler, créateur de la PNL, « Il n'est jamais trop tard pour vivre une enfance heureuse. »

L'EFT est un outil précieux à offrir aux enfants. L'idée étant de leur apprendre dès le plus jeune âge à gérer leurs émotions et à s'offrir du bien-être et du soulagement rapidement et de manière très ludique. Imaginez les adultes qu'ils deviendront, en leur apprenant très tôt à ne pas remplir inutilement leur bagage émotionnel avec des poids trop lourds et polluants ! L'EFT avec les enfants est à utiliser sans modération ! Vous verrez très vite que pipi au lit, stress et petites contrariétés seront de lointains souvenirs !

Cette méthode pourrait permettre aux enfants de grandir en s'emplissant d'un maximum de paix intérieure, de confiance en eux-mêmes et de possibilité d'accès à leur vrais potentiels en se libérant de leur « sacs à ordures émotionnels. »

L'EFT est un processus très créatif. Une fois une certaine rigueur et le respect du protocole de la technique intégrée, il vous sera possible de développer plus de souplesse vis-à-vis des règles et de la méthodologie. En restant dans l'état d'esprit de la technique, les possibilités d'interventions sont multiples et variées et très adaptées aux enfants.

Si elle est bien faite, cette technique permettra aux enfants d'atteindre l'âge adulte en étant sereins et en ayant intégré l'idée qu'ils ne sont pas forcement soumis aux événements ainsi qu'à leurs émotions, mais qu'ils ont un réel pouvoir de décision sur ce qu'ils ont envie ou non de ressentir.

Quels problèmes d'enfant traiter avec l'EFT ?

De la gestion des terreurs nocturnes des tout-petits, à la facilitation de l'apprentissage des récitations en passant par la préparation au Bac ou la gestion des appréhensions de l'entrée au collège, l'EFT accompagnera utilement les petits et les plus grands.

Voici une liste non exhaustive de symptômes, problématiques et désagréments que vous pourrez travailler avec les enfants :

- **Toutes les émotions invalidantes ou polluantes** : tout ressenti de l'enfant qui ne serait pas utile pour lui, qui le desservirait et qui ne serait pas adapté à la situation. Par exemple : une colère contre un camarade de classe avec qui votre enfant s'est chamaillé durant la récréation, la peur d'annoncer une mauvaise note, un cauchemar, la peur du noir…
- **Toutes les pensées ou convictions délétères ou qui ne seraient pas saines pour l'enfant** : « Je n'y arriverai jamais », « Je ne veux pas grandir », « Je ne suis pas important »…
- **Les problématiques physiologiques intriquées à de l'émotionnel** : verrues, eczéma, acné, douleurs…
- **Les problématiques comportementales** : troubles du sommeil, TOC, TIC, bégaiement, timidité, hyperactivité…

Les objectifs d'amélioration seront alors :

– L'amélioration des performances cognitives : mémoire, concentration, réflexion…

– Le dépassement de soi : « Je peux y arriver », « J'en suis capable ! »

Comment se servir de l'EFT avec les enfants ?

Bien que le protocole EFT pour les enfants reste identique dans l'état d'esprit au protocole employé pour les adultes, il y a cependant certaines astuces qui permettent d'optimiser son efficacité. Certaines précautions, comme par exemple le souci de l'environnement, de l'accueil de l'enfant, ou de l'observation du non verbal en font partie. Il est souvent conseillé d'utiliser l'EFT d'une manière très simple avec les enfants, en s'adaptant à leur âge, à leur vocabulaire et leurs problématiques. La ronde est souvent plus courte. On peut même se dispenser de stimuler les points sur les doigts pour aller encore plus vite.

Comment accueillir l'enfant au début de l'entretien ?

Afin d'optimiser l'efficacité de la séance EFT, l'environnement est un paramètre important à prendre en compte, et ce encore plus avec les enfants.

Prenez soin de l'accueil que vous proposerez à l'enfant. Prenez votre temps. L'environnement doit être sécurisant, confortable et chaleureux. Il est important que vous vous mettiez à sa place. Nous avons tous notre propre réalité, nos propres besoins, nos propres envies dans ce genre de situation. Si votre enfant est très jeune, demandez-lui s'il veut son doudou ou son jouet favori avec lui. Ou à quel endroit il veut pratiquer, s'il préfère être assis, couché ou debout.

L'importance d'observer au-delà des mots : derrière le langage verbal

Le langage non verbal et le langage para-verbal ne sont pas toujours congruents avec le langage verbal. On peut signifier silencieusement, ou dans le ton utilisé, le contraire de ce que l'on dit à haute voix. L'enfant est un individu soumis aux dictats éducatifs, aux injonctions sociétales et parentales.

Par exemple, votre enfant peut vous dire qu'il se sent bien pour vous donner une réponse « standardisée et socialement acceptable » alors que ses épaules sont affalées, ses yeux baissés, avec un élan corporel amoindri, ce qui vous démontre tout le contraire.

Le protocole EFT avec les enfants

Une grande partie du processus doit être respecté, mais pas obligatoirement tout le processus. On peut aider l'enfant en lui proposant une explication simplifiée de la technique :

Dans ton corps circule de l'énergie, tout comme l'électricité circule dans ta maison. Quand tu as des émotions négatives, elles s'accumulent dans ton corps et bloquent le passage de ton énergie. C'est alors que tu te sens mal. Tu peux débloquer le passage énergétique, en stimulant certains points de ton corps, ces fameux points d'acupuncture. Soit on les masse, soit on les stimule avec des aiguilles, soit on les tapote comme en EFT.

Avec l'EFT, tu vas donc tapoter des points. Tu peux le faire avec deux doigts, l'index et le majeur.

Il y a 10 points à connaître (voir page 33). En fait, il existe 15 points, mais les 10 premiers suffiront. Les voici :

- *Le point karaté, sur la tranche de la main ;*
- *Sur le sommet de la tête ;*
- *Au bord du début du sourcil, vers le haut, près du centre du visage (DS) ;*
- *Sur le coin extérieur de l'œil, sur la tempe, près du coin de l'œil (CO) ;*
- *Sous l'œil, au centre de l'os, au dessus de la pommette (SO) ;*
- *Sous le nez, juste dans le creux (SN) ;*
- *Au centre du menton (SM) ;*
- *Sous la clavicule (dans le creux sous l'os qui ressort) (SC) ;*
- *Sous le bras (à environ 5 cm sous le creux de l'aisselle) ;*
- *Sur le torse (SA) ;*
- *Sous la poitrine.*

Pour t'entraîner, tapote-les en suivant l'ordre que je t'ai indiqué. Tu es libre de le faire avec la main gauche ou la main droite, de tapoter du côté droit ou gauche, ou même de tapoter des deux côtés en même temps avec les deux mains.

Une fois que tu as retenu les points, tu peux commencer à transformer tout ce que tu veux changer : une peur, une colère, une tristesse, un problème...

Autres manières de créer de l'intérêt et du lien avec votre enfant : faire référence à Tarzan ou King Kong. Expliquez-lui que pour montrer leur force et leur courage, ils tapent sur leur poitrine en criant. Vous pouvez le faire en même temps. Proposez lui d'imiter Tarzan tous les deux. Vous stimulez le point clavicule tout en criant haut et fort pendant un moment ! L'enfant et vous-même, allez avoir alors un surplus d'énergie et vous aurez toute son attention.

Expliquez-lui qu'il est bénéfique de s'autoriser à s'exprimer, de faire sortir ce que l'on a à l'intérieur de nous... et que ça fait du bien !

Le point en dessous des bras est classiquement nommé par les enfants comme étant le point du singe.

Le point clavicule peut être montré en le stimulant avec les poings, en montrant comme cela fait résonner la voix. Nous pouvons parler du point du gorille (comme vu ci-dessus).

Ces petites astuces qui rendent la pratique ludique permettent aux enfants de s'approprier plus facilement la technique.

Les stimulations

Les stimulations sur les points peuvent être faites de plusieurs façons, mais il est important de demander à l'enfant celle qu'il préfère. Par exemple vous pouvez :

- Tapoter sur lui (tandis qu'il ne tapote pas) ;
- Tapoter sur vous tandis qu'il tapote sur lui ;
- Tapoter avec lui sur vous ;
- Avec son accord, tandis qu'il tapote sur lui, vous pouvez intervenir et l'aider par moment.

Il est aussi envisageable de juste masser, toucher ou frotter les points plutôt que de les tapoter. Il peut être approprié de montrer toutes les possibilités à l'enfant et de faire celles qu'il préfère.

Un enfant peut être chatouilleux quand vous tapotez le point en dessous des bras par exemple. Si ce reflexe rend ce point non praticable, vous pouvez le mettre de côté ou lui demander de le stimuler lui-même.

Toujours s'adapter au vocabulaire de l'enfant et à sa réalité

Pour identifier le problème, utilisez des mots simples tant dans vos questions que dans les phrases de préparation ou de rappel.

Évitez : « Quels symptômes ressens-tu quand tu te projettes en situation d'évaluation scolaire ? »

Préférez : « Imagine que tu es dans ta classe et que ta maîtresse explique l'exercice qui va être noté, comment ça fait à l'intérieur de toi ? Comment tu te sens ? Comment ça fait dans ton ventre ? Dans ta gorge ? Dans ta poitrine ? Tu te dis quoi ? Tu penses quoi ? Qu'est ce que tu as envie de faire à ce moment là ? »

Évitez : « Quelles émotions ressens-tu ? »

Préférez : « Comment te sens-tu quand tu as ton problème ? Par exemple, peux-tu sentir ce problème n'importe où dans ton corps ? Si oui, demandez-lui de vous montrer où dans son corps. Comment ça te fait te sentir ? Triste comme si des larmes pouvaient monter dans tes yeux ? Malheureux, énervé, en colère, comme une cocotte minute, enragé comme un chien ? Tu as envie d'être seul dans ta chambre sans voir personne, effrayé ? »

Il n'est pas toujours aisé pour un enfant de déterminer son niveau de souffrance. Si l'enfant est très jeune ou si vous percevez que l'échelle classique de 0 à 10 n'est pas adaptée, vous pouvez demander : *Quelle est la taille de ton problème ?* Autorisez-le à déterminer cela de sa propre façon. Des enfants très jeunes pourraient trouver plus facile, par exemple, d'écarter leurs bras pour indiquer la taille du problème (avant et après leur ronde EFT).

L'évaluation peut s'effectuer sur d'autres particularités physiques du problème. Par exemple : *quelle couleur, quelle forme a ton problème ? Comment te sens-tu quand tu as ton problème ? Peux-tu sentir ce problème n'importe où dans ton corps ?* Si oui demandez-lui de vous montrer où dans son corps. Comment le fait-il se sentir (triste, malheureux, énervé, effrayé…) ?

Il existe aussi des réglettes représentant des visages plus ou moins tristes ou souffrants… Tout outil plus ludique que la simple échelle de 0 à 10 peut être envisagé.

Bien qu'étant parfois moins essentiel chez l'enfant que chez l'adulte, si vous décidez de débuter la séquence par cette phrase de préparation, faites en sorte qu'elle interpelle l'enfant véritablement :

Évitez : « Même si..., je m'aime et je m'accepte profondément. » Cette phrase est souvent beaucoup trop complexe et abstraite pour un enfant surtout avant 12 ans.

Préférez : « Même si j'ai tel problème, je suis un merveilleux petit garçon et mes parents m'aiment très fort. »

Ou : « Même si j'ai tel problème, je suis une petite fille merveilleuse et toute mignonne. »

Ou : « Même si j'ai tel problème, je suis un enfant extraordinaire. »

Ces façons de vous exprimer sont plus appropriées et vont vous permettre d'être plus efficace.

Durée de la séance

La durée des sessions d'EFT dépendra de nombreux facteurs incluant l'âge de l'enfant, sa capacité ou sa volonté à coopérer et la nature de son problème.

Quoiqu'il en soit, les sessions courtes, et/ou régulières peuvent être les plus efficaces. Pour l'enfant, le temps que vous partagez avec lui doit être considéré comme spécial, constructif, intéressant et bon pour lui. Travailler avec un enfant qui est sous la contrainte est fastidieux pour tout le monde, voire inefficace.

Si des résistances ou des réticences arrivent au début ou pendant une séance, vous pouvez toujours commencer par travailler sur cela avec l'enfant ou l'adolescent ou décider ensemble qu'un autre jour sera plus approprié.

Le coucher, moment privilégié où votre enfant peut bénéficier de l'EFT

Préférez l'heure du coucher ou un moment tranquille le soir pour lui demander de vous parler de sa journée (interactions avec amis, travail à l'école, attente du bus, reportage à la télévision, rendez-vous chez le dentiste…), de ce qu'il a ressenti, de ce qu'il s'est dit dans telle ou telle situation, des belles comme des moins belles pensées.

Alors que l'enfant raconte les événements de sa journée (l'agréable et le moins agréable), vous pouvez doucement et tendrement tapoter ou frotter les points EFT. Lorsque l'enfant raconte son histoire, il est évidemment centré sur son problème. Le problème sera résolu ou allégé, puisqu'on stimule les points EFT.

En évacuant toutes les choses qu'il garde sur le cœur, vous lui permettrez de dépasser ses limites et d'accéder à son potentiel. Après avoir évacué tout le négatif, vous pourrez aussi proposer à votre enfant une autre façon de penser, un autre angle de perception. Cette proposition aura plus de chance d'être retenu par votre enfant à ce moment, bien plus qu'à tout autre moment.

L'EFT sur les bons moments de la vie de l'enfant : quel intérêt ?

Il est utile de stimuler les points EFT même lorsque l'enfant raconte les bons moments de sa journée, car même s'il raconte un événement positif, il peut y avoir un côté négatif qui se cache derrière. L'EFT permet à l'enfant de ne garder de l'événement que ce qui est bon pour lui.

Par exemple :

Vécu positif : « Ma maitresse m'a fait un compliment devant toute la classe aujourd'hui. »

Négatif implicite potentiel : « Parfois, elle dispute les enfants ou les ignore et j'ai peur qu'elle me fasse la même chose à une autre occasion. »

Vécu positif : « J'ai eu les félicitations sur mon bulletin de fin d'année de 4e et vous m'avez offert un nouveau téléphone tellement vous êtes fiers de moi. »

Négatif implicite potentiel : « Pour que mes parents soient fiers de moi, je dois être à la hauteur de leurs attentes à l'école. Je risque de perdre leur amour et leur reconnaissance si j'ai de moins bons résultats. »

En stimulant les points EFT pendant que votre enfant raconte un événement a priori positif, vous êtes peut-être en train de traiter le négatif implicite qu'il tait. C'est pourquoi il est recommandé de pratiquer l'EFT quels que soient les événements de sa journée.

Processus avec les enfants de 0 à 3 ans

Avec les bébés

Le processus EFT est aussi utile pour les bébés. Même s'ils ne peuvent pas dire ce qui les dérange, le fait qu'ils pleurent indique aux parents qu'il y a une peur, un traumatisme ou un inconfort qui doit être soulagé. Pendant ces périodes de cris ou de pleurs, le petit enfant est bien centré sur son problème et cela en fait le moment propice à la pratique de l'EFT.

À partir de 2 ans

Même si l'enfant commence à s'exprimer correctement, il n'est pas toujours simple de le comprendre. Lui-même a des difficultés à mettre en mots ses perturbations émotionnelles, ainsi que ce qui le tracasse. Le processus EFT est donc utile pour les enfants en bas âge. Le fait qu'ils montrent un signe de détresse ou de mal-être indique aux parents que quelque chose a besoin d'être résolu (une peur, une déception ou un malaise physique). Pendant ces moments de détresse, l'enfant en bas âge est, au même titre que le bébé, connecté à son problème et en parfaite condition pour l'EFT. Avec l'EFT, l'enfant va se sentir entendu et accepté. Il va comprendre qu'on prend en compte son problème et ressentir l'intention de son parent de le soulager, intention contenue dans des paroles bienveillantes, aimantes et rassurantes (« Tout va bien maintenant, je suis là pour toi et je t'aime »).

Exemples de phrase de préparation :

Même si j'ai peur de m'endormir seul, je suis quand même trop fort et je suis un bébé très aimé de mon papa et ma maman qui sont très fiers de moi.

Même si je ne veux pas aller chez nounou, je m'aime très très fort et mes parents me mettent en sécurité.

Comme nous l'avons abordé plus haut, en tant que parents, vous pouvez aussi vous interroger sur les liens potentiels entre vos ressentis et ceux de votre enfant. Si vous en trouvez, pensez à les désactiver.

Exemple : *Je reconnais que cela me fend le cœur de le laisser toute la journée chez la nounou.*

La phrase de préparation est : *Même si j'ai beaucoup de peine à me séparer de mon bébé, que je crains que cela se passe mal pour lui et que je sois une mauvaise mère de vouloir continuer à m'épanouir professionnellement, je m'aime et je me respecte totalement.*

Exemple : *Mon amie a découvert il y a 5 ans que l'assistante maternelle de sa fille la maltraitait, alors qu'elle était tout sourire devant eux.*

Même si la fille de mon amie a été maltraité par sa nounou et que cela me terrorise quand j'y pense et que j'ai peur pour mon bébé, je m'aime et je m'accepte profondément.

Avec les tout petits plus que jamais, la problématique est à considérer dans sa globalité.

De l'enfance à l'adolescence

Exemple du passage au collège

Pensez toujours à déterminer la cible à désactiver car le sujet est vaste.

Question : *Qu'est ce qui déclenche en toi le plus de perturbations à l'idée de rentrer au collège ?*

Réponse : L'établissement immense.

Q : *Que ressens-tu face à cette image ?*

R : De la peur.

Q : *Où y a-t-il le plus de désagréments dans ton corps en ressentant cette émotion ?*

R : Boule dans la gorge.

Q : *Quelle est l'intensité de ces perturbations ?*

R : 7/10.

Q : *Qu'est ce que tu te dis sur toi-même ?*

R : Je vais me perdre, je suis un gamin, je suis en danger.

Voici quelques exemples de phrases de préparation qui précéderont les rondes adaptées :

Même si je ne suis plus un des grands et que je me sens ridicule, je suis un garçon merveilleux et important

Même si le collège est bien plus loin que mon école primaire et que j'ai peur d'être loin de chez moi, je m'aime et je réalise que j'ai réussi plein d'autres choses incroyables par le passé qui me paraissaient difficiles au départ.

Même si je ne connais que 10 élèves sur 2000 et que ça me coupe la respiration tellement je me sens seul contre tous, je m'aime et je suis une personne précieuse.

Même si on m'a dit que les leçons étaient beaucoup plus difficiles au collège et que j'ai peur de ne pas être à la hauteur des exigences des profs, je m'aime et je me respecte totalement.

Pour bien cerner et évacuer le problème, pensez de la même façon que dans l'exemple précédent

« la peur de l'échec », à travailler avec l'enfant sur toutes les cibles qui sont en jeux dans la problématique, jusqu'à nettoyage complet de chaque cible.

Vous verrez l'enfant se soulager et se transformer par cette libération sous vos yeux en quelques minutes !

Procédure EFT avec un adolescent

Les trois questions fondamentales de l'adolescent sont : D'où je viens ? Qui suis-je ? Où vais-je ? Plus tout à fait un enfant, pas encore un adulte, l'adolescent se cherche. Cette période de la vie demande des repères, la découverte et la construction de soi. Comme l'a définit le psychologue Alain Meunier, « l'adolescence, c'est le moment où sont remis à zéro tous les compteurs de la vie, les horloges biologiques, le grand chantier psychique qui va faire de l'enfant un adulte. C'est le moment des questions sans réponse, de la rencontre avec les autres en dehors du cocon familial, du besoin de modifier ses états de conscience pour supporter la réalité ».

Dans le processus de construction de l'identité personnelle, l'adolescence est effectivement une période décisive permettant de se chercher et de s'affirmer. Cette période de la vie humaine est marquée par beaucoup de changements pour les adolescents (des transformations physiques, psychiques, les relations aux autres, l'intégration à la société, la découverte de la sexualité…). Cette phase de vie est donc marquée par des remises en question, des doutes, du trouble, de l'embarras.

On imagine bien dans ce contexte à quel point l'EFT peut avoir son intérêt pour l'adulte en devenir mais aussi pour ses proches. Eux aussi traversent indirectement ce changement de dynamique qui se répercute sur l'ensemble de la famille. Plus l'adolescent est en évolution, plus il peut se sentir, consciemment ou non, en insécurité ; plus il a besoin des parents pour se sécuriser, mais moins il est disposé à recevoir. Il y a toujours ce besoin de dépendance affective et, en même temps, cette irrésistible nécessité de prendre ses distances.

Il n'est pas toujours facile en tant que parents ou thérapeutes de communiquer avec un adolescent, car parfois il ne sait pas lui-même où réside son mal-être et ses difficultés.

Son jardin secret est aussi pour lui un besoin précieux et parler à un inconnu va à l'encontre de ses besoins. Parfois même l'adolescent est obligé par ses parents de venir à une séance de psychothérapie et c'est fermé et en colère qu'il s'y présente.

L'EFT va permettre à l'adolescent de garder son intériorité pour lui, ses pensées, ses peurs les plus secrètes sans avoir à forcément en faire part. Il suffit uniquement de le guider dans le protocole EFT en l'invitant à stimuler en même temps que vous les points.

Exemple : *Tu vas penser à ton problème. Si tu veux, tu peux me dire quelle émotion tu ressens quand tu penses à ton problème (ou y répondre dans ta tête), quelle est l'intensité de la perturbation que tu ressens et où te sens tu le plus mal dans ton corps lorsque tu y penses.*

Nous allons stimuler les points ensemble.

Parfois, votre adolescent n'est pas à l'aise avec le fait de stimuler les points devant vous, pensant que cela lui donne un coté ridicule. Vous pouvez alors lui apprendre les points et vous mettre dos à dos afin que vos regards ne se croisent plus. Vous veillerez au fur et à mesure de la ronde à préciser chaque changement de point.

Exemple : *Même si je ressens tous ces désagréments dans mon corps et dans mes ressentis quand je pense à mon problème et que j'ai l'impression que rien ne pourra changer cela, je m'aime et je me respecte en tant que personne unique et précieuse.*

ST : Le problème auquel je pense.

DS : Mon problème.

CO : Ce que je ressens quand je pense à mon problème.

SO: Ce qui est arrivé en lien avec mon problème.

SN: La force des perturbations en moi quand je pense à mon problème.

Etc.

Vous reprendrez ensuite avec lui la cible afin de vérifier les modifications. Il se peut aussi qu'au fur et à mesure de la diminution de l'intensité de la cible, votre adolescent accepte de vous donner plus d'informations que son problème ou ses ressentis. Suivez son rythme et, plus que jamais, adaptez-vous !

Il peut être aussi intéressant de lui proposer quelques références de séances EFT accessibles sur YouTube.

Chapitre 6 - L'EFT pour soigner les douleurs physiques

Noëlle Cassan,
thérapeute manuelle, praticienne EFT

Que ce soit pour soulager un inconfort ou pour un problème physique plus important, la pratique de l'EFT vous sera d'une aide précieuse. Les troubles digestifs, les troubles du sommeil, la fatigue, les tensions musculaires et les autres problèmes physiques peuvent avoir un lien très étroit avec notre état émotionnel. Il n'est pas rare d'entendre les personnes dire qu'elles ont mal au dos, qu'elles sont allergiques, qu'elles ont déclaré une maladie ou un autre trouble physique depuis qu'elles ont vécu un événement stressant.

La chasse à la douleur

Quand vous appliquerez l'EFT sur une douleur, vous remarquerez sans doute que la douleur ou l'inconfort physique semble se déplacer dans une autre partie du corps. C'est pourquoi nous parlons de « chasse à la douleur ». Tout comme le chasseur qui suit une piste, vous suivrez le déplacement ou le changement qui se met en place. La douleur peut changer d'intensité et la sensation elle-même peut se transformer. Un tiraillement peut se changer en chaleur ou en picotement. Suivez ces changements et appliquez l'EFT jusqu'à disparition de la gêne.

Comme je le dis souvent à mes patients, faites confiance au processus. La stimulation des points sur le corps, quand on reste focalisé sur une sensation inconfortable, une douleur ou un malaise, donne le plus souvent de magnifiques résultats. Soyez patient, il arrive parfois qu'il faille faire preuve de persévérance avant que les douleurs ne disparaissent totalement.

Comment appliquer l'EFT sur l'annonce d'un diagnostic

L'annonce d'une maladie grave est toujours un choc pour celui qui reçoit cette nouvelle, mais également pour sa famille et son entourage.

La pratique de l'EFT permet de sortir de l'impasse de l'impuissance que l'on ressent face à cette terrible nouvelle. Cela permet également de calmer les émotions d'angoisse et d'anxiété empêchant de se mobiliser pour guérir, ou du moins mieux vivre.

Quand nous entendons : « Il est normal que vous ressentiez de la douleur, on ne peut rien y faire, cette douleur ne passera jamais » ou « Vous ne récupérerez jamais les fonctions de votre bras », notre inconscient imprime cette information et nous faisons de cette croyance une réalité.

Appliquez l'EFT au diagnostic

Repensez à la scène où vous avez appris le diagnostic.

Qu'avez-vous entendu ? Que vous a dit le médecin ? Prenez quelques minutes pour le noter. Écrivez le plus de détails possible.

Qu'avez-vous pensé à ce moment-là ? Quelles images vous sont venues à l'esprit ?

Demandez-vous également : Qu'est-ce que je crois vrai à propos de cette maladie (ou de mon état de santé) ? Qu'est-ce que j'ai lu sur Internet à propos de cette maladie (ou de mon état de santé) et que je crois ?

Vous pouvez également terminer les phrases suivantes :

- *Il est normal que je souffre parce que…*
- *Ce que m'a dit le médecin sur mon état est vrai parce que…*
- *Je ne pourrai plus jamais… (marcher, danser, faire du vélo...) parce que…*
- *Je ne pourrai jamais guérir parce que…*

Votre liste pourrait être comme ceci :

- *Le médecin m'a dit que j'avais une maladie dégénérative inguérissable.*
- *Il m'a dit qu'il n'y avait pas de traitement et que mon état se détériorerait quoi que je fasse.*
- *Il y a rien à faire pour soulager les douleurs.*

- *Un jour, c'est inévitable, je serai en fauteuil roulant.*
- *J'ai pensé qu'il avait raison à 100 %.*
- *J'ai eu l'impression de recevoir un coup sur la tête et depuis j'ai des migraines.*
- *J'ai eu la vision de mes enfants qui pleuraient.*
- *J'ai pensé que je ne pourrai plus jamais faire de vélo.*
- *Je ne pourrai jamais guérir, mon médecin a été formel à ce sujet : il n'existe pas de traitement pour ce type de maladie.*
- *Je ne pourrai plus jamais faire de vélo parce que mon état ne peut pas s'améliorer.*
- *J'ai lu sur Internet des témoignages catastrophiques de personnes ayant la même maladie que moi.*

Prenez chaque élément de votre liste et, sur une échelle de 0 à 10, chiffrez à combien vous croyez ces affirmations. Si vous savez que c'est absolument vrai, alors mettez un 10 à cette croyance. Si vous avez un espace de doute, mettez une note un peu plus basse. Un 0 pour « C'est absolument faux », un 10 pour « C'est absolument vrai ». Il ne s'agit pas ici de relativiser ou de raisonner sur le sujet, ni de penser d'une façon logique, mais de vous interroger sur ce que vous ressentez vraiment.

Vous pouvez avoir un peu d'espoir quant à votre guérison, mais interrogez-vous sincèrement sur « il n'y a pas de traitement possible ». Quelle note pouvez-vous mettre à cette croyance ? À quel point ressentez-vous cette affirmation comme vraie ?

Un exemple d'application de l'EFT

PK : Même si j'ai entendu mon médecin dire que cette maladie était inguérissable, je m'accepte profondément et complètement.

ST : Cette maladie est inguérissable.

DS : Le médecin m'a dit que mon état allait se dégrader irrémédiablement.

CO : Cette maladie ne peut pas se guérir.

SO : Il n'y a rien que je puisse faire.

SN : Il n'y a pas de traitement possible.

SM : Je ne peux rien faire pour améliorer mon état.

SC : Il m'a même parlé de fauteuil roulant.

SB : Je vais perdre l'usage de mes jambes.

SS : Ma santé va se dégrader.

DS : Je crois que je ne peux rien faire.

CO : Mon corps ne sait pas lutter contre cette maladie.

SO : Le médecin m'a dit que les douleurs seraient toujours présentes.

SN : Il n'y a pas de traitement possible.

SM : Je ne peux y rien faire.

SC : Cette maladie…

SB : Ces tensions dans mon corps…

SS : Ces muscles qui me font mal…

Inspirez et soufflez lentement et profondément à la fin de la pratique EFT. Buvez un peu d'eau.

Ce n'est qu'un exemple. Il est très important que vous utilisiez vos mots et que les formulations que vous allez choisir soient les vôtres. Ce que vous avez entendu, vu, senti, pensé, imaginé à l'annonce de cette mauvaise nouvelle vous est propre. Le plus simple et le plus efficace est de le noter et d'appliquer l'EFT sur chaque élément.

En appliquant l'EFT sur l'annonce du diagnostic, vous transformerez votre vision et votre compréhension de ce que les autres (médecins, Internet, ami, famille…) vous ont dit, mais également ce que vous projetez comme vérité anxiogène sur la question.

Nous savons aujourd'hui que nos croyances influencent notre système corporel. Notre corps a des capacités de guérison extraordinaires et nous l'oublions trop souvent. Nous écartons rapidement de notre mémoire les histoires de guérison inexplicables mais véritables.

En pratiquant l'EFT, vous ressentirez davantage d'émotions positives comme la joie et l'enthousiasme. Nous savons aujourd'hui que cela entraîne une stimulation du système nerveux parasympathique, qui conduit à un relâchement des tensions corporelles et à la stimulation des défenses immunitaires.

L'EFT dans l'attente d'un diagnostic

Vous conviendrez qu'attendre des résultats d'examen médicaux dans l'angoisse ou dans la détente ne change rien aux résultats. Mais c'est plus facile à dire qu'à faire !

J'ai eu à attendre des résultats d'analyse et j'ai pu constater que mes pensées s'orientaient plutôt vers la catastrophe probable et la gravité. Après avoir observé toutes ces pensées et les scénarios sombres qui y étaient liés, j'ai décidé de pratiquer quelques rondes EFT. À bien y regarder, seules mes pensées et mes projections provoquaient mon trouble.

Voici de quoi vous inspirer :

- *Même si je ressens cette anxiété à propos de ce que seront les résultats de ces examens, je m'accepte complètement.*
- *Même si je crée des scénarios-catastrophes au sujet de ces résultats, je m'accepte complètement.*
- *Même si mes pensées me font peur, je m'accepte complètement.*
- *Même si je me dis que j'ai probablement quelque chose de très grave, je m'accepte complètement.*

Vous pouvez également utiliser la formulation des hypothèses, afin de ne pas oublier que vos pensées ne sont qu'une possibilité et qu'il existe d'autres croyances possibles.

PK : Même s'il est possible que les résultats de mes examens soient mauvais, je m'accepte profondément et complètement.

ST : Il est possible que les résultats de mes examens soient mauvais.

DS : Et si tout ce que je me raconte en ce moment était faux ?

CO : Et si les résultats étaient bons ?

SO : Et si, quoi que disent les résultats, je trouvais une solution ?

SN : Et si mon corps avait toutes les ressources nécessaires ?

SM : Cette sensation dans ma gorge.

SC : Cette peur dans mon corps.

SB : Cette réaction si importante.

SS : Cette révolution dans mon corps.

Les allergies

En réduisant le stress, il est possible d'agir sur les allergies. Selon une étude japonaise du Dr Nhan Pham Ti publiée en 2013, des activités relaxantes pendant 30 minutes ont réussi à modifier le comportement des cellules immunitaires de patients allergiques et à réduire les réactions allergiques.

La pratique de l'EFT a également montré des résultats remarquables dans les traitements des allergies.

Parfois, pratiquer l'EFT sur les symptômes de l'allergie sera complètement suffisant. Voici les phrases que je vous suggère :

- *Même si j'ai des difficultés à respirer, je m'accepte complètement.*
- *Même si j'ai la narine droite complètement bouchée, je m'accepte complètement.*
- *Même si mon corps a une réaction complètement exagérée face au pollen, je m'accepte.*
- *Même si j'ai la sensation d'étouffer, je m'accepte.*

Faites la liste de vos propres symptômes avec vos mots. Cela est très important, car vous êtes le mieux placé pour parler de vos sensations.

Par exemple, après avoir fait des stimulations en répétant la phrase : « Même si j'ai la sensation d'étouffer », vous pouvez vous demander : « J'ai la sensation d'étouffer : y-a-il un autre endroit dans ma vie où cette phrase pourrait être également vrai ? »

Cela peut vous permettre de faire un lien avec une autre situation qui donne cette sensation d'étouffement. Si c'est le cas, je vous conseille vivement de faire de l'EFT sur cet évènement qui surgit.

N'essayez pas de terminer les phrases se terminant par « parce que ». Laissez plutôt des images, des idées, des pensées venir à votre esprit. Peut-être aurez-vous des sensations, des souvenirs ou des idées sur l'origine de votre difficulté. Et si ce n'est pas le cas, vous pouvez faire de l'EFT simplement sur les symptômes.

Les émotions derrières la souffrance

Notre état de santé et notre humeur sont en interaction permanente. Par le mécanisme de l'**homéostasie** (l'homéostasie est la capacité d'un système à maintenir l'équilibre de son milieu intérieur, quelles que soient les contraintes externes) le corps œuvre en permanence afin de maintenir tous ses systèmes en parfaite santé, notre état naturel étant une bonne santé. La pratique de l'EFT permet d'apaiser les tempêtes émotionnelles, de modérer les pensées et les émotions excessives, d'adoucir les croyances négatives et de calmer les états de stress. Les émotions étant apaisées, le corps peut réguler les flux aussi bien physiologiques qu'énergétiques et mettre en œuvre ce qui est bon pour lui.

Nous constatons que, la plupart du temps, lorsque nous traitons les problèmes émotionnels, les douleurs physiques diminuent ou disparaissent.

Chapitre 7 - Utiliser l'EFT pour atteindre ses objectifs… et les dépasser

Anne-Marie Bompart, coach professionnelle et coach de vie, praticienne EFT

Vous venez de constater, à travers la lecture des chapitres précédents, que l'EFT a un champ d'intervention très vaste. Peut-être vous demandez-vous quel lien il peut y avoir entre se fixer des objectifs, les atteindre et cette technique de libération des émotions ?

Ce chapitre va vous éclairer et vous apporter les moyens d'être acteur de votre vie et d'avancer vers plus d'épanouissement personnel.

Pourquoi se fixer des objectifs avec l'EFT ?

Nous pourrions partir du fait qu'il suffirait de désirer quelque chose pour l'obtenir. Cela peut arriver pour des objectifs simples. Lorsqu'il s'agit de projets plus conséquents ou de changement d'orientation de vie, désirer s'avère insuffisant.

Bien souvent va apparaître ce que l'on appelle la **procrastination** : le fait de repousser au lendemain ce que nous pourrions faire le jour-même pour obtenir ce que nous désirons. En découle de l'insatisfaction, de la frustration et même de la culpabilité qui ne vont rien changer au résultat voire faire entrer la personne dans un cercle vicieux de dévalorisation de soi…

Les neurosciences viennent nous aider à comprendre tout d'abord qu'il est important d'être clair dans ce que nous voulons, mais également d'en avoir une représentation sensorielle précise (visuelle, auditive…). Et comme le cerveau ne fait pas la différence entre le virtuel et le réel (les glandes salivaires se mettent en action de la même façon quand on goûte un citron et quand on s'imagine le goûter), si nous nous représentons clairement et de façon sensorielle ce que nous voulons, nous avons plus de chance de l'atteindre.

C'est là qu'une discipline désormais bien installée dans le monde de l'entreprise peut nous aider dans notre vie personnelle : **le coaching**. Il va nous permettre d'être clair et de nous projeter dans ce futur « irrésistible ». L'EFT a toute sa place dans ce processus, car cette méthode va s'utiliser à certains moments de blocage, mais aussi pour renforcer l'énergie de la réussite. Les paragraphes qui suivent vont vous indiquer avec précision où et comment utiliser cet outil du changement.

La démarche coaching ou le chemin vers vos objectifs

Quand nous parlons de coaching, il est important de définir ce terme tant il a été utilisé et galvaudé. Issu de la culture anglo-saxonne, le coaching fait son entrée en France à la fin des années 1990.

Des fédérations se constituent assez rapidement pour valoriser cette approche, professionnaliser les coachs et garantir l'éthique de cette profession au service du développement personnel et professionnel. Selon l'ICF (Fédération Internationale de Coaching), **le coaching professionnel** se définit comme une relation suivie dans une période définie qui permet au client d'obtenir des résultats concrets et mesurables dans sa vie professionnelle et personnelle. À travers le processus de coaching, le client approfondit ses connaissances et améliore ses performances. Le coaching peut se pratiquer en séances de face-à-face, au téléphone ou en séances collectives, voire dans un lieu spécifique (coaching sportif). Ces séances peuvent être assorties d'échanges écrits par courrier ou par e-mail. Le coaching peut être utilisé parallèlement à un travail de psychothérapie mais il ne saurait s'y substituer.

En résumé, nous pourrions dire que le coaching permet à tout un chacun d'atteindre ses objectifs, voire de les dépasser et ce dans les meilleures conditions. Sur ces bases, la responsabilité du coach formé à l'art du questionnement est de :

- Faire émerger, formaliser, se représenter clairement l'objectif du client ;
- L'amener à en mesurer la faisabilité, la pertinence en le centrant sur ses enjeux et responsabilités ;
- Lui faire faire un point sur la situation actuelle, explorer ses propres potentialités et repérer ses freins éventuels ;

- Libérer sa créativité pour trouver des options et des solutions pertinentes ;
- Élaborer son plan d'action dans le respect de tout ce qui a été déterminé auparavant.

Il est à noter que très fréquemment, au cours de la démarche, le client découvre qu'il est en capacité d'aller au-delà de l'objectif auquel il prétendait. C'est ainsi qu'il s'autorise à choisir un objectif plus ambitieux.

S'il est conseillé de faire appel à un coach certifié pour des questions importantes sur lesquelles vous n'avancez pas, vous pourrez d'ores et déjà avec les clés qui vous sont données ci-après progresser et être surpris de l'efficacité de la méthode enrichie par l'EFT.

L'auto-coaching pour vos objectifs au quotidien

Si vous décidez de changer ce qui ne vous convient plus, de faire évoluer votre quotidien, de changer de métier, de vous donner les moyens de réussir un projet… Alors testez la méthode qui suit !

A. Prenez le temps de rêver à ce que vous voulez

1. Comme si vous vous réveilliez d'une nuit magique où tout devient possible, décrivez ce que vous souhaiteriez obtenir ou atteindre, de façon simple et précise.
2. Assurez-vous que cet objectif dépend bien de vous.
3. Projetez comme un film ce que vous obtiendrez : observez et entendez ce qui se passe autour de vous et en vous.
4. Demandez-vous si cela est réaliste et si cela vaut le coup.
5. Donnez-vous une date butoir.
6. Une dernière question à se poser : Existe-t-il un inconvénient/risque à réussir ?

B. Observez la réalité d'aujourd'hui

1. De quoi est-elle faite ?
2. Quel est l'historique de votre désir ?

3. Sentez-vous des freins, des peurs, des limitations ?

4. Qu'avez-vous expérimenté comme réussites auparavant qui ont sollicité vos ressources et atouts ?

5. Que vous manque-t-il ?

6. Une dernière question à se poser : Y aurait-il un avantage à en rester là ?

Si vous avez répondu « oui » à la question 6 de l'étape A et aux questions 3 et 6 de l'étape B, c'est qu'il y a des résistances, des freins, des peurs qui vous empêchent de réussir. C'est exactement là que l'EFT va pouvoir vous aider en vous libérant.

Ce n'est qu'après cette libération que le processus d'auto-coaching peut se poursuivre pour aboutir à l'atteinte ou au dépassement de votre objectif.

C. Faites émerger les options possibles pour atteindre l'objectif

1. Dressez la liste des actions utiles.
2. Explorez leur faisabilité, leur pertinence.

D. Dressez votre plan d'action de façon chronologique

1. Mettez-le en œuvre au fil des jours, des semaines et des mois en fonction de la nature de votre objectif.
2. Réajustez quelques actions si nécessaire.

Pertinence et performance de l'EFT pour atteindre son objectif et le dépasser

Comme on l'a vu précédemment, vous pouvez repérer de véritables freins à l'atteinte de vos objectifs.

De plus, en s'appuyant sur le principe déjà évoqué des neurosciences, plus nous ancrons en nous ce que nous voulons, plus nous avons de chance de l'atteindre.

C'est dans le travail de ces deux réalités que l'EFT a non seulement sa place mais est un atout dont il serait dommage de se passer.

Lever les freins à la réussite

Fini la procrastination, car en mettant le doigt sur ces freins vous allez pouvoir les lever grâce à l'EFT !

Vous pourrez bâtir votre protocole EFT à partir des réponses positives aux questions 6 de l'étape A ou 3 et 6 de l'étape B.

Ces freins peuvent être de différente nature : des émotions comme par exemple des peurs, mais aussi des interdictions, des limitations…

Il s'agit de les prendre tels quels et d'amorcer le protocole EFT. Et pour rappel, après avoir repéré la sensation dans le corps et l'intensité de l'émotion associée :

Sur le point karaté :

Même si j'ai peur de… ou

Même si je ne me sens pas le droit de…

Même si je ne me sens pas capable de…

Je m'aime et je m'accepte profondément et totalement.

Tout au long de la ronde :

Racontez vos gênes, peurs, sentiments d'incapacité ou d'illégitimité avec le plus de précision possible.

Il est possible que plusieurs rondes soient utiles.

Ancrer la réussite et dépasser son objectif

Il existe deux moments privilégiés pour ancrer la réussite et vous mettre véritablement en marche vers votre objectif.

Le recadrage de fin de ronde

Cette étape s'ajoute aux rondes centrées sur le négatif. Elle est facilitée par la question 4 de l'étape B durant votre auto-coaching : vos expériences réussies et les atouts et ressources évoqués. Il s'agit là de basculer du négatif vers le positif.

Tout en stimulant les mêmes points, posez-vous ces questions :

- *Et si je me trompais ?*
- *Et si je ne regardais les choses que sous un seul angle ?*
- *Et si je n'avais pas tout envisagé ?*

Ensuite :

- *Parce que la vérité, c'est que j'ai déjà réussi…*
- *Parce que la vérité, c'est que je n'ai pas eu peur la dernière fois que..*

- *Parce que la vérité, c'est que j'ai le droit de réussir.*

Énoncez toutes les vérités entraperçues dans les réponses de la question 4 de l'étape B.

Finissez par :

- *Je m'ouvre à la possibilité de réussir…*
- *J'ai vraiment le droit de réussir.*
- *Parce ce que je le mérite…*
- *Et j'en suis capable…*

Cette ronde se termine ainsi, mais seulement après avoir largement stimulé les points avec vos sensations et émotions négatives.

Ancrez l'atteinte de votre objectif

Si vous avez encore un doute, alors faites-vous plaisir !

Branchez-vous sur votre objectif, avec toutes les sensations, les perceptions sensorielles positives et enthousiasmantes et faites votre ronde comme ci-dessous :

PK (une seule fois) : Même si je doute encore un peu de ma réussite, je m'aime et je m'accepte profondément et totalement.

Sur les points de la ronde, évoquez les éléments positifs, comme par exemple :

- *Je n'ai pas besoin d'avoir peur.*
- *J'ai déjà réussi à...*
- *J'ai su faire preuve de...*
- *J'ai étudié la question sérieusement.*
- *J'ai mis tous les atouts de mon côté.*
- *Je suis douée dans...*
- *Je veux atteindre...*
- *Quand j'aurai atteint mon objectif, je pourrai enfin...*
- *J'accéderai à plus de...*
- *Je verrai tous les signes autour de moi... (décrivez ce que vous voyez qui indique la réussite)*
- *J'entendrai aussi les signaux qui... (indiquez les mots, phrases et le ton dits par soi et les autres pour indiquer la réussite)*
- *Je me sentirai totalement...*

Visualisez-vous ayant atteint l'objectif et diffusez cette image dans tout votre corps tout en stimulant les points.

Les limites de l'EFT dans la démarche coaching ou auto-coaching

Comme cela a été évoqué, l'EFT est d'autant plus efficace qu'elle s'attaque aux problématiques d'origine. Imaginez une table : le plateau représente le problème et les pieds qui le supportent, les causes. Par principe et après l'avoir souvent constaté, si la séance d'EFT se fait sur le « pied central » du problème, alors le résultat est plus rapide et efficace. Cela dit, dans la démarche d'auto-coaching il n'est pas évident, d'une part d'identifier la source du problème que la personne souhaite solutionner et, d'autre part, de conduire la ou les séances quand le problème d'origine est un véritable traumatisme.

Pour un coach en entreprise, la question est importante. Le coaching d'entreprise n'est pas de la thérapie. Et même s'il a fait entrer la dimension psychologique dans les entreprises, bon nombre de personnes pouvant bénéficier d'un coaching ne sont pas prêtes à regarder en face leur passé. Ainsi le coach ne pourra que ponctuellement aller dans ce passé, avec l'accord de son client pour pointer et libérer un élément en lien avec les freins. La plupart du temps, il traitera les freins du présent, autrement dit les « pieds secondaires ». Il arrive, en fonction des cas et des praticiens, que cela soit suffisant.

Par contre, dans la pratique du coaching de vie, le professionnel est confronté à des personnes volontaires et ouvertes pour regarder ponctuellement ce passé. Pourvu, bien évidemment, que le coach soit certifié et compétent pour le faire. Il pourra ainsi optimiser ses interventions en traitant les traumatismes simples et complexes.

Quand l'impact du passé est plus complexe et révèle des pathologies, il est pertinent de solliciter un psychothérapeute.

Chapitre 8 - Transformer les croyances qui nous limitent

Maria Annell,
coach et praticienne EFT

Une utilisation très intéressante de l'EFT est celle qui concerne nos croyances limitantes. Dans ce chapitre, je vous propose de regarder de plus près ce qu'est une croyance et comment nos croyances peuvent soit nous aider à avancer vers un objectif fixé, soit nous en empêcher. Un exercice concret sera également proposé pour identifier une (ou des) croyance(s) limitante(s) et commencer à la (les) transformer en quelque chose de plus constructif.

Qu'est-ce qu'une croyance ?

Une croyance est un processus mental expérimenté par une personne qui adhère à une thèse ou une hypothèse, de façon qu'elle les considère comme vérité, indépendamment des faits confirmant ou infirmant cette thèse ou cette hypothèse.

Trois éléments clés sont à retenir dans cette définition :

1. Une croyance est un « processus mental expérimenté par une personne », plus simplement : une pensée. Nos pensées nous paraissent généralement vraies, mais nous allons voir qu'il est possible de prendre du recul par rapport à ce processus mental, voire de transformer nos pensées.

2. « de façon qu'elle les considère comme vérité » : nous verrons que ceci est un problème insidieux, puisque notre cerveau protège et maintient nos croyances de manière quasi-automatique.

3. « indépendamment des faits » : il s'agit d'une vérité subjective qui n'est pas forcément basée sur des faits établis.

L'importance de nos croyances

Notre cerveau a appris à faire face au flot incessant d'informations qui nous assaille au quotidien. À la base, il s'agit d'un instinct de survie. Nos ancêtres avaient déjà une quantité importante d'informations à traiter : une branche qui bouge (est-ce un prédateur qui va m'attaquer ?), un changement du ciel (faut-il chercher un abri pour la nuit ?), la couleur de la fleur, la forme de la feuille (cette plante est-elle comestible ou toxique ?).

Les croyances sont des filtres qui permettent de traiter, de cataloguer et de s'adapter à ces stimuli de manière efficace – en tout cas, la plupart du temps…

De nos jours, les dangers ne sont plus les mêmes et la quantité d'informations auxquelles nous sommes exposées quotidiennement a littéralement explosé. D'où l'importance d'avoir un système de croyances efficient, c'est-à-dire qui nous aide à nous adapter à la réalité qui nous entoure, tout en respectant nos valeurs personnelles.

Dès la petite enfance, notre cerveau installe les filtres pour appréhender notre environnement et notre entourage. Les croyances se forgent en fonction de la vision et de l'expérience de l'enfant, et commencent généralement par des hypothèses un peu trop simplistes.

« Le matin, papa va derrière la porte. Si on va voir derrière, il n'est plus là. Il est au travail. Le

soir, papa ouvre la porte. Il était derrière la porte, mais on ne le voyait pas parce qu'il était derrière. »
(*Toto le Héros*, film de Jaco van Dormael)

Lorsque l'évolution de la personne se passe de manière optimale dans un environnement harmonieux, ces filtres sont mis à jour au fur et à mesure de l'expérience grandissante du sujet et restent plutôt adaptés à la réalité qui nous entoure.

Cependant, des événements plus ou moins traumatisants, comme un choc physique ou émotionnel, par exemple, peuvent figer certaines croyances et empêcher leur mise à jour continue. C'est ainsi que sont installées des croyances limitantes, souvent accompagnées de commentaires comme « Je ne sais pas pourquoi je me mets toujours dans ce genre de situation, c'est plus fort que moi », « Mais pourquoi je recommence cette vieille erreur, je m'étais pourtant juré d'arrêter ?», « Je suis toujours attirée par des hommes qui finissent par me tromper », etc.

En effet, nos croyances nous gouvernent au quotidien, dans la mesure où une très grande partie de nos décisions est prise de manière inconsciente, en fonction de ces filtres. Bonne nouvelle : vous pouvez cesser l'autocritique et ces rudes jugements envers vous-même, parce que ce n'est pas de votre faute ! Effectivement, c'est réellement « plus fort que vous », ce sont vos croyances qui sont aux commandes, mais nous allons voir comment reprendre les rênes de votre existence…

Croyances limitantes et croyances constructives

Gary Craig, le fondateur de l'EFT, appelle nos croyances les **« écritures sur nos murs »**. Selon cette analogie, nous inscrivons des sortes de règles de vie sur les murs de notre psyché au fur et à mesure de notre existence et nous les consultons de manière plus ou moins automatique dès qu'une nouvelle information se présente.

Certaines de ces écritures sont très utiles, comme par exemple « s'arrêter au feu rouge », « ne pas mettre la main sur un plaque chauffante allumée », « pour manger de la soupe, il vaut mieux utiliser la cuillère que la fourchette », et ainsi de suite.

D'autres peuvent nous limiter dans nos actions d'aujourd'hui, même si elles étaient tout à fait fondées et même vitales au moment où nous les avions instaurées la première fois : « l'argent ne crée rien de bon », « méfie-toi des hommes », « pour vivre heureux, vivons cachés », « chez nous, il n'y a jamais de… » et ainsi de suite. Au passage, notons que ces croyances ne nous viennent pas de nulle part – elles sont presque toujours étayées par une scène ou un souvenir précis. Avec l'EFT, nous allons pouvoir dissoudre le lien fort entre l'évènement et la conclusion devenue obsolète. Les souvenirs seront toujours là, nous n'allons modifier le cours de l'histoire, mais nous pourrons nous débarrasser de la charge de la croyance limitante qui s'était installée à l'époque, pour ainsi devenir plus libres de faire des choix conscients.

Lorsqu'on prend conscience de ces croyances limitantes, il est tentant de vouloir les éliminer une fois pour toutes, et pour ainsi dire tout balancer par-dessus bord ! Cependant, n'oublions pas qu'elles ont été installées pour une bonne raison au moment où nous les avions adoptées. Respectons ces vieux garde-fous qui nous ont probablement sauvé la vie à un moment donné. Grâce à l'EFT, il est possible de les transformer en douceur, et, plutôt que de jeter le bébé avec l'eau du bain, nous allons juste permettre à ces anciennes énergies stagnantes de reprendre leur cours normal, afin de poursuivre une évolution plus harmonieuse.

Peut-être que ces quelques exemples vous inspirent déjà des idées au sujet de vos propres écritures ? Quelles croyances aidantes avez-vous inscrites sur vos murs ? Quelles croyances limitantes ? Peut-être voyez-vous des scènes ou des souvenirs de votre passé qui ont contribué à installer ces croyances ? Dans ce cas, notez-les, et sinon, ne vous en faites pas, nous allons jouer aux détectives ensemble…

Transformer les croyances limitantes

Encore une bonne nouvelle : nous pouvons **transformer nos croyances** ! Mais pour les transformer, il faut d'abord les identifier, ce qui n'est pas toujours chose facile…

Première difficulté : elles se déguisent très souvent en vérités… Comme nous l'avons vu, la plupart de nos croyances sont installées dès la petite enfance, à un moment où les événements ou paroles qui en sont à l'origine nous semblaient très importants, et où nous n'avions pas assez de recul pour mettre les choses en perspective. Aujourd'hui, vous n'êtes plus un enfant et en scrutant ces anciennes vérités, nous allons voir que pour la plupart, il s'agit plutôt de… croyances !

Deuxième difficulté : notre cerveau est conçu pour renforcer nos croyances, car il est plus important de gérer de façon efficace le flot incessant d'informations qui nous entoure au quotidien que de connaître la vérité absolue et objective… Comme il est impossible de traiter la totalité de ces stimuli, il faut faire une sélection. Nous avons une tendance naturelle à sélectionner ceux qui vont dans notre sens – c'est-à-dire les informations qui valident nos croyances, plutôt que celles qui les remettraient en question… On en arrive même à considérer les événement qui ne vont pas dans ce sens comme des exceptions, comme l'élève qui se trouve nul en maths et qui obtient quand même une bonne note : « Oh, c'est un coup de chance, l'interrogation était vraiment très facile ! » Vous avez sûrement beaucoup d'autres exemples autour de vous, et peut-être même chez vous ?

Exercice pratique : 6 étapes pour transformer vos croyances limitantes

AVERTISSEMENT – Cet exercice est donné à titre d'information et n'a nullement la vocation de remplacer ni un travail thérapeutique avec un professionnel, ni un diagnostic médical. En faisant cet exercice, vous prenez l'entière responsabilité de votre bien-être physique et psychique, et si vous savez – ou soupçonnez – que votre passé renferme des traumatismes lourds, ne le faites pas sans l'accompagnement d'un praticien d'EFT expérimenté, ou tout autre professionnel de la relation d'aide.

Ce cadre étant posé, je vous invite à prendre un crayon et une feuille de papier, ou mieux encore un cahier, car il se peut très bien que vous ayez envie de refaire l'exercice plusieurs fois. Réservez-vous un temps pour vous, pendant lequel vous ne serez pas dérangé et choisissez un lieu où vous êtes tranquille à tout point de vue – nous allons probablement libérer des émotions, et même si l'EFT agit plutôt en douceur, quelques réactions ne sont pas exclues… Notez la date du jour.

Étape 1 : Choisissez votre objectif pour cette session

Nul besoin de formuler tout de suite votre croyance limitante. Justement, nous allons l'identifier ensemble. Pour cela, pensez plutôt à quelque chose que vous rêvez de faire/être/avoir (votre objectif), mais que pour l'instant, vous n'avez jamais réussi à accomplir dans votre vie…

Imaginez-vous en train de faire, être ou posséder complètement votre objectif ! Notez cet objectif et aussi les conséquences que cela aurait, en suivant par exemple ce modèle :

« Maintenant que j'ai réussi à…, je me sens…, je suis…, et je fais enfin… »

Étape 2 : Identifiez les objections

Lorsque vous vous projetez dans l'image de la réalisation de votre rêve, étrangement, vous avez probablement des petites voix qui s'élèvent dans votre tête pour dire « Oui, mais… ». Ne vous inquiétez pas, c'est tout à fait normal ! Qu'est-ce qui se présente ? Qu'entendez-vous ?

Surtout, notez ces pensées ! Ce sont très précisément les croyances limitantes qui vous ont « protégé » jusqu'ici d'accomplir ce rêve…

Étape 3 : L'origine de votre croyance

Pour chaque croyance identifiée (il peut y en avoir plusieurs) demandez-vous **qui** vous a « appris » cela ? Souvent, la voix qui prononce cette phrase dans votre tête est clairement celle d'un proche, parfois l'information est plus subtile… Notez tout ce qui vous vient. **Quand** avez-vous appris cela ? Notez la ou les situations, et l'âge que vous aviez à l'époque.

Certaines croyances ont comme un siège très précis dans le corps. Si c'est votre cas, notez l'endroit où vous ressentez la présence de cette croyance ainsi que la sensation.

Notez également, sur une échelle de 1 à 10, combien cette croyance vous semble vraie, où 10 représente « Oui, je le crois complètement, c'est tellement vrai ! » et 1 (ou 0) « Non, je ne crois pas ça, je ne me sens pas concerné ». Puisque nous cherchons une croyance qui vous limite dans votre vie actuellement, il est probable et tout à fait normal que le chiffre soit plutôt élevé au début de l'exercice.

Voici, en guise d'inspiration, quelques exemples très courants de croyances limitantes :

- Je ne suis pas assez bien pour…
- Je ne mérite pas de…
- Je suis trop/pas assez… pour…
- Si je réussis à…, alors…
- Je ne suis pas capable de…
- Je ne serai pas en sécurité si je…

Étape 4 : L'EFT à la rescousse !

Nous allons faire quelques rondes d'EFT. Puisque je ne peux pas savoir exactement ce que vous avez noté sur votre feuille, je vous propose un exemple type, mais grâce au mécanisme des « bénéfices partagés », vous aurez certainement un résultat, même si les mots ne correspondent pas exactement à votre situation.

Concentrez-vous un instant sur votre objectif et la croyance limitante la plus forte que vous avez notée. Notez aussi vos émotions à l'idée d'en être là, de ne pas avoir réussi à réaliser ce rêve, cet objectif… Peut-être que cela vous rend triste ou vous met en colère, ou vous semble injuste… Pour chaque émotion, évaluez également entre 1 (presque pas d'émotion) et 10 (émotion maximum) et notez votre chiffre.

PK : Même si j'ai cette croyance limitante qui m'empêche de…, aujourd'hui, je choisis de m'accepter complètement.

PK : Même si je m'en veux de ne pas avoir déjà réussi à…, aujourd'hui, je choisis de m'accepter complètement.

PK : Même si c'est terriblement frustrant de ne pas avoir atteint cet objectif, aujourd'hui, je choisis de m'accepter, et je me pardonne, en me rappelant que j'ai toujours fait de mon mieux.

ST : Tous ces blocages qui m'empêchent de réussir.

DS : Toutes ces croyances qui me limitent dans la vie.

CO : Toutes ces limitations dans ma vie, auxquelles je crois.

SO : Jusqu'ici, je n'ai pas réussi à réaliser mon rêve.

SN : Et je croyais que ce serait toujours comme ça.

CM : Aujourd'hui, je réalise que ce que je prenais pour la vérité…

CL : … n'est peut-être pas si vrai que ça…

SB : Tous ces événements qui m'ont appris que je ne peux pas réussir ça…

SS : Toutes ces paroles que j'ai laissé s'imprimer en moi…

ST : « Tu n'es pas assez ceci pour y arriver ! »

DS : « Tu es beaucoup trop cela pour réussir ! »

CO : « Pour qui tu te prends ? »

SO : « Il faut travailler dur pour réussir ! »

SN : « Si c'était si facile, ça se saurait ! »

CM : Toutes ces croyances que j'ai laissé s'installer en moi…

CL : Aujourd'hui, je me félicite d'avoir le courage de commencer à les transformer.

SB : Ce ne sont que des croyances, que des pensées…

SS : À partir d'aujourd'hui, je choisis de me rappeler…

ST : … que je peux choisir mes pensées – et si elles ne m'aident pas, je peux les transformer !

Étape 5 : Bilan intermédiaire

Posez les mains, prenez une grande inspiration… Et regardez de nouveau votre objectif, et votre croyance la plus limitante. À combien vous semble-t-elle vraie maintenant ? Quelle est votre émotion en constatant que ce rêve n'est pas (encore) réalisé ? Notez les évolutions.

Vous pouvez refaire les rondes pour la même croyance si elle vous limite toujours.

Lorsque cette croyance-là ne vous semble plus avoir de prise, refaites les étapes 3 à 5 pour une autre croyance, ou passez à l'étape 6.

Étape 6 : Clôturez la session

Peu importe le temps que vous y aurez passé, à un moment, vous allez arrêter le travail pour cette fois. Voici quelques dernières notes pour clôturer la session :

- Remerciez-vous d'avoir pris ce temps pour vous ! Bravo, c'est un beau cadeau pour vous-même, et tout le monde ne fait pas le choix de se l'offrir !
- Qu'est-ce que vous avez appris aujourd'hui ? Sur vous-même ? Sur les autres ? Sur le monde ?
- Qu'est-ce qui a été le plus précieux dans ce moment avec vous, pour vous ?
- À quand votre prochain rendez-vous avec vous-même ?

Nous aurons vu dans ce chapitre l'importance de nos croyances, qui ont le pouvoir soit de nous faire décoller vers la réalisation de nos rêves, soit de nous tenir cloués au sol, malgré nos meilleures intentions. À l'aide de l'exercice pratique proposé, vous pouvez examiner et transformer les croyances qui vous limitent aussi souvent que nécessaire.

Transformez vos croyances, et transformez votre vie – parce que tout le monde mérite de réaliser ses rêves !

En route pour le reste de votre vie

Le Petit Livre de l'EFT représente bien plus qu'une simple introduction à l'EFT. Si vous appliquez consciencieusement les conseils qui figurent dans ces pages, votre vie pourrait bien se retrouver modifiée sous de nombreux aspects. Peut-être vaincrez-vous quelques douleurs rebelles et tenaces. Peut-être dissiperez-vous certaines ombres qui planent sur votre couple. Peut-être aiderez-vous vos enfants à vaincre leur peur de l'école. Peut-être aussi arriverez-vous à tordre le coup à certaines croyances qui vous limitent, à vous poser de nouveaux objectifs de carrière ou de vie et surtout, à les atteindre. Peut-être aussi que vous vous libérerez de certains poids du passé qui vous pèsent encore… Ce qui est sûr, c'est qu'en pratiquant régulièrement l'EFT, vous serez plus zen, plus relaxé et que vous gérerez bien mieux votre stress et vos tracas.

On estime aujourd'hui à plus de 10 millions le nombre de personnes qui pratiquent régulièrement l'EFT dans le monde. C'est peu, mais c'est déjà beaucoup. Cette technique n'a pas pour vocation de remplacer votre médecin, ni votre psy, mais elle complètera très utilement le travail que vous faites sur vous pour vous sortir de vos problèmes.

Si vous souhaitez en savoir plus sur le sujet, vous trouverez plusieurs ouvrages qui vous permettront d'approfondir votre connaissance et notamment le best-seller *L'EFT pour les Nuls*, aujourd'hui disponible en édition de poche.

Nous sommes tous surpris, en tant que praticiens EFT, de constater le nombre d'améliorations rapides chez nos patients. Certes, nous les aidons en leur apprenant l'EFT, mais c'est à eux-mêmes qu'ils doivent leurs résultats, à leur motivation et à leur persévérance. Nous tenons tous ici à les remercier, à les féliciter et à les encourager à poursuivre leur pratique de manière autonome.